INGLÉS
express

Ejercicios en tu
smartphone
¡gratis!

+ Curso de
pronunciación

+ Curso de
ciudadanía

INGLÉS
EN **100** DÍAS

* **Hablarás inglés rápidamente**

Inglés Express - Colección Bestsellers

Primera edición: agosto de 2016

D. R. © 2016, TRIALTEA USA

D. R. © 2016, derechos de la presente edición en lengua castellana:
Penguin Random House Grupo Editorial USA, LLC.,
una empresa de Penguin Random House Grupo Editorial, S. A. de C.V.
8950 SW 74th Court, Suite 2010
Miami, FL 33156

© Dreamstime.com de todas las fotografías de interior y cubierta.

ISBN: 978-1-941999-93-6

Impreso en Estados Unidos

índice

índice

índice

índice

unidades

unidad 1

contenido
1. PRONOMBRES PERSONALES SUJETO
2. PRESENTE DEL VERBO «TO BE» (FORMA AFIRMATIVA)
3. CONTRACCIONES
4. SALUDOS (I) - *Greetings*
5. EJERCICIOS

PRONOMBRES PERSONALES SUJETO

Vamos a empezar por conocer los equivalentes en inglés de los pronombres personales sujeto, que son aquellos que realizan la acción.

Singular	Plural
I *yo*	**we** *nosotros/as*
you *tú, usted*	**you** *vosotros/as, ustedes*
he *él*	
she *ella*	**they** *ellos/as*
it –	

PRESENTE DEL VERBO «TO BE» (FORMA AFIRMATIVA)

El verbo «**to be**» equivale a los verbos «*ser*» y «*estar*».

En presente, su forma afirmativa es:

I am	*yo soy, estoy*
you are	*tú eres, estás* *usted es, está*
he is	*él es, está*
she is	*ella es, está*
it is	*es, está*
we are	*nosotros/as somos,* *nosotros/as estamos*
you are	*vosotros/as sois, estáis* *ustedes son, están*
they are	*ellos/as son, están*

I am American. / *Soy estadounidense.*
You are at school. / *Estás en la escuela.*
He is Peter. / *Él es Peter.*
She is Mexican. / *Ella es mexicana.*
It is a dog. / *Es un perro.*
We are in Madrid. / *Estamos en Madrid.*
You are here. / *Vosotros estáis aquí.*
They are brothers. / *Ellos son hermanos.*

Recuerda

▶ «**I**» *(yo)* siempre se escribe en mayúscula.

▶ «**You**» se usa tanto en singular como en plural, para tratamientos informales *(tú, vosotros/as)*, como formales *(usted, ustedes)*.

▶ «**It**» se utiliza para referirnos a un animal, una cosa, un lugar, etc., es decir, no a personas, y no tiene equivalente en español.

▶ «**They**» *(ellos/as)* es la forma plural de «**he**», «**she**» e «**it**».

Como podemos ver en los ejemplos, los pronombres personales (I, you, he, etc.) siempre han de aparecer en la frase, aunque en español no aparezcan explícitamente.

CONTRACCIONES

El presente del verbo «to be» se puede contraer con el sujeto. Para ello, se unen ambas palabras y la primera letra del verbo se sustituye por un apóstrofe.

I am = **I'm**
you are = **you're**
he is = **he's**
she is = **she's**
it is = **it's**
we are = **we're**
you are = **you're**
they are = **they're**

I'm Michael. / *Soy Michael.*
It's a car. / *Es un auto.*
You're a student. / *Eres estudiante.*
We're Spanish. / *Somos españoles.*
He's Argentinian. / *Él es argentino.*
They 're tall. / *Ellos son altos.*

La forma **«is»** también puede contraerse con el sujeto cuando éste es un nombre propio.

John's English = **John is** English
John es inglés.

VOCABULARIO: SALUDOS (I) - *Greetings*

Hello! / *¡Hola!*
Hi! / *¡Hola!*
How are you? / *¿Cómo estás?*
What's up? / *¿Qué tal?*
How are things? / *¿Qué tal van las cosas?*
How are you doing? / *¿Cómo te va?*
How are you getting on? / *¿Qué tal?*

A estas preguntas se les puede responder con:

Very well, thank you / *Muy bien, gracias.*
Fine, thank you / *Bien, gracias.*
Okay, thank you / *Bien, gracias.*

Dependiendo de la parte del día cuando saludemos, también podemos usar:

Good morning! / *¡Buenos días!*
Good afternoon! / *¡Buenas tardes!*
Good evening! / *¡Buenas noches!*

Ejercicios

1.- Completa con los pronombres correspondientes.

a) ____ am Tom.

b) ____ is Mary.

2.- Escribe las formas contraídas de:

c) He is ―――――――――

d) We are ―――――――――

e) Michael is ―――――――――

f) They are ―――――――――

g) I am ―――――――――

h) It is ―――――――――

3.- ¿Cómo se dice en inglés «¡Buenos días!»?

――――――――――――――――

――――――――――――――――

4.- Elige la respuesta correcta

How are you?

> Well, please.
> Good evening!
> Fine, thank you.

Soluciones:

**1.- a) I; b) She. 2.- c) He's;
d) We're; e) Mi chael's ; f) They're;
g) I'm; h) It's. 3.- Good morning!
4.- Fine, thank you.**

PRESENTE DEL VERBO «TO BE» (FORMA INTERROGATIVA)

Para realizar preguntas con el verbo «to be» invertimos el orden del sujeto y el verbo.

Am I?	Are we?
Are you?	Are you?
Is he?	
Is she?	Are they?
Is it?	

Am I your teacher? / *¿Soy vuestro profesor?*

Are you Susan? / *¿Eres Susan?*

Is he French? / *¿Él es francés?*

Is it a dictionary? / *¿Es un diccionario?*

Are we in the USA? / *¿Estamos en los EEUU?*

Are they American?

¿Ellos son estadounidenses?

Las preguntas también pueden ser negativas:

Aren't you John? / *¿No eres John?*

Isn't he a doctor? / *¿Él no es médico?*

Aren't they Spanish?

¿Ellos no son españoles?

Para formar una frase negativa con el presente del verbo «to be», añadimos «**not**» detrás del verbo. También se puede expresar de forma contraída.
En este caso, veremos que existen dos formas de contraer la negación, aunque la primera es la más usual.

VOCABULARIO:
DESPEDIDAS – *Saying farewell*

I am not = I'm not

you are not
you aren't = you're not

he is not
he isn't = he's not

she is not
she isn't = she's not

it is not
it isn't = it's not

we are not
we aren't = we're not

you are not
you aren't = you're not

they are not
they aren't = they're not

Goodbye!	*¡Adiós!*
Bye! (Bye-bye!)	*¡Adiós!*

See you!	*¡Hasta la próxima!*
See you later!	*¡Hasta luego!*
See you soon!	*¡Hasta pronto!*
See you tomorrow!	*¡Hasta mañana!*

Take care! *¡Cuídate!*

Have a nice day!
¡Que tengas un buen día!

Till next time
¡Hasta la próxima!

I'm not Italian. / *No soy italiano.*

You aren't Vincent. / *Tú no eres Vincent.*

He isn't here. / *Él no está aquí.*

She isn't Peggy. / *Ella no es Peggy.*

It isn't a book. / *No es un libro.*

We aren't in Miami. / *No estamos en Miami.*

You aren't tall. / *Vosotros no sois altos.*

They aren't students.
Ellos no son estudiantes.

Talking tips

Por la noche, para despedirnos, también podemos usar «**Good night!**» *(¡Buenas noches!)*, pero sólo como fórmula de despedida, ya que como saludo sería «**Good evening!**» *(¡Buenas noches!)*.

SIGNOS DE EXCLAMACIÓN E INTERROGACIÓN

Hemos de tener en cuenta que, en inglés, sólo se usa un signo de exclamación o interrogación, al final de la frase o expresión:

Hello!

Goodbye!

How are you?

Are you Gerald?

1.- ¿Cuál es la contracción de…?

a) are not _____

b) is not _____

c) am not _____

2.- Completa con la forma afirmativa correspondiente del verbo «to be».

d) _____ I William?

e) _____ she American?

f) _____ they Peggy and Sue?

g) _____ you a student?

3.- ¿Cómo se dice en inglés…?

h) ¡Hasta luego! _____

i) ¡Hasta mañana! _____

4.- ¿Con qué expresión nos despedimos deseando buenas noches?

_____

_____

15

Para responder de forma corta utilizamos «**Yes**» *(sí)* o «**No**» *(no)*, el **pronombre sujeto** que corresponda y el **auxiliar** (el verbo «to be» en este caso). El auxiliar será afirmativo o negativo, según el caso.

Is she American? **Yes, she is.**
¿Es ella estadounidense? Sí (lo es).

Are you a teacher? **Yes, I am.**
¿Es usted profesor? Sí (lo soy).

Is it a camera? **No, it isn't.**
¿Es una cámara? No (no lo es).

Are they your parents? **No, they aren't.**
¿Son tus padres? No (no lo son).

Are Peter and Bob pilots? **No, they aren't.**
¿Son Peter y Bob pilotos? No (no lo son).

Is Mary your friend? **Yes, she is.**
¿Es Mary tu amiga? Sí (lo es).

RESPUESTAS CORTAS

Cuando se formula una pregunta y ésta comienza con un auxiliar, como lo es el verbo «to be», ésta se puede responder con un «sí» o un «no». Este tipo de preguntas se pueden responder de forma corta o de otra forma algo más extensa.

Are you a student? / *¿Eres estudiante?*	
respuesta corta	**respuesta extensa**
Yes, I am.	Yes, I am a student.
Sí, (lo soy)	*Sí, soy estudiante.*

Is she your mother? / *¿Es ella tu madre?*	
respuesta corta	**respuesta extensa**
No, she isn't.	No, ella no es mi madre.
No, (no lo es).	*No, she isn't my mother.*

Como podemos ver en los ejemplos, en las respuestas cortas el sujeto y el verbo no se pueden contraer nunca. Sólo lo hacen los verbos con la negación «not».

VOCABULARIO:
PAÍSES, NACIONALIDADES E IDIOMAS

En inglés, los países, nacionalidades e idiomas siempre se escriben con letra mayúscula.

Countries (países)	Nationalities (nacionalidades)	Languages (idiomas)
The United States	American	English
Canada	Canadian	English/French
Australia	Australian	English
Mexico	Mexican	Spanish
Cuba	Cuban	Spanish
Argentina	Argentinian	Spanish
Brazil	Brazilian	Portuguese
England	English	English
Spain	Spanish	Spanish
Germany	German	German
France	French	French
Italy	Italian	Italian
Japan	Japanese	Japanese
China	Chinese	Chinese

LA PREPOSICIÓN «FROM»

Para indicar **procedencia** usamos la preposición **«from»** *(de, desde)*:

I'm **from Mexico**. I'm **Mexican**.
Soy de México. Soy mexicano.

He's **from the United States**.
He's **American**.
Él es de EEUU. Es estadounidense.

We're **from Australia**.
We speak **English**.
Somos de Australia. Hablamos inglés.

Are you **from Germany**? Yes, I am.
¿Eres de Alemania? Sí, lo soy.

«From» también aparece al final de las frases cuando preguntamos por procedencias:

- Where are you **from**?
- *¿De dónde eres?*
- I'm **from** Germany.
- *Soy de Alemania.*
- Where is Eva **from**?
- *¿De dónde es Eva?*
- She's **from** Brazil.
- *Es de Brasil.*

17

Ejercicios

1.- Responde de forma corta.

a) Is it a book? No, _____

b) Is he Peter? Yes, _____

c) Am I tall? No, _____

d) Are they students? Yes, _____

2.- Sustituye las palabras subrayadas por nacionalidades.

e) I am from Canada. I'm _____

_____

f) She's from Argentina. She's _____

_____

g) Is he from Japan? Is he _____

_____ ?

h) They're from Spain. They're _____

_____

3.- Ordena las palabras para formar una frase.

i) from are where you?

_____

j) aren't John Mexico Linda and from.

_____

Soluciones:

1.- **a)** No, it isn't; **b)** Yes, he is; **c)** No, you aren't; **d)** Yes, they are. **2.-** **e)** Canadian; **f)** Argentinian; **g)** Japanese; **h)** Spanish. **3.- i)** Where are you from?; **j)** John and Linda aren't from Mexico.

EL ARTÍCULO INDETERMINADO (A / AN)

a) Se utiliza delante de un nombre contable en singular cuando nos referimos a él por primera vez:

It is **a** book. / *Es un libro.*
He is **a** boy. / *Es un muchacho.*

b) También se usa al hablar de profesiones u ocupaciones (cuando el sujeto sea singular). Obsérvese que en español no aparece:

She is **a** teacher. / *Ella es profesora.*
I'm **a** student. / *Soy estudiante.*

c) En muchos casos equivale a «one» (*uno*):

I have **a** car. / *Tengo un auto.*

d) Se utiliza «**a**» delante de palabras que comienzan por consonante (sonido consonántico):

It is **a** dog. / *Es un perro.*
I am **a** painter. / *Soy pintor.*

e) Usaremos «**an**» delante de palabras que comiencen por vocal (sonido vocálico) o «h» muda.

It is **an** egg. / *Es un huevo.*
He is **an** architect. / *Él es arquitecto.*

lawyer: *abogado/a*

architect: *arquitecto/a*

fireman: *bombero*

taxi driver: *taxista*

butcher: *carnicero/a*

baker: *panadero/a*

postman: *cartero*

scientist: *científico/a*

cook: *cocinero/a*

shop assistant: *dependiente/a*

electrician: *electricista*

bank clerk: *empleado/a de banco*

plumber: *fontanero/a*

engineer: *ingeniero/a*

gardener: *jardinero/a*

vet: *veterinario/a*

translator: *traductor/a*

secretary: *secretario/a*

teacher: *profesor/a*

policeman: *policía*

painter: *pintor/a*

pilot: *piloto*

journalist: *periodista*

mechanic: *mecánico*

student: *estudiante*

manager: *gerente*

accountant: *contable*

hairdresser: *peluquero/a*

I'm an **electrician**. / *Soy electricista.*

They aren't **engineers.** / *Ellas no son ingenieras.*

Linda is a **vet.** / *Linda es veterinaria.*

We are **butchers.** / *Somos carniceros.*

You are a **taxi driver.** / *Eres taxista.*

LOS ADJETIVOS POSESIVOS

Estos adjetivos indican posesión y siempre acompañan a un nombre.

my *mi, mis*

your *tu, tus, su, sus (de usted)*

his *su, sus (de él)*

her *su, sus (de ella)*

its *su, sus (de ello)*

our *nuestro/a/os/as*

your *vuestro/a/os/as su, sus (de ustedes)*

their *su, sus (de ellos/as)*

It is **my** <u>dictionary</u>. / *Es mi diccionario.*

Mary isn't **his** <u>sister</u>.
Mary no es su hermana (de él).

Her <u>name</u> is Susan.
Su nombre (de ella) es Susan.

Is it **our** <u>classroom</u>? / *¿Es nuestra clase?*

Michael is **their** <u>son</u>.
Michael es su hijo (de ellos).

A diferencia del español, los adjetivos posesivos en inglés tienen una forma invariable, bien acompañen a un sustantivo singular o plural.

He is **my** <u>brother</u>.
*Él es **mi** hermano.*

They are **my** <u>brothers</u>.
*Ellos son **mis** hermanos.*

Our <u>book</u> is interesting.
***Nuestro** libro es interesante.*

Our <u>books</u> are interesting.
***Nuestros** libros son interesantes.*

El adjetivo posesivo «**its**» indica pertenencia de algo a una cosa, lugar o animal y hay que tener cuidado de no confundirlo con la contracción «**it's** (it is)».

The dog is in **its** kennel.
El perro está en su caseta.

Ejercicios

1.- Completar con el artículo indeterminado (a/an), cuando sea necesario.

a) She's artist. _____

b) They are _____ painters.

c) Is it _____ egg?

d) I am teacher. _____

2.- ¿Cómo se denomina en inglés a...?

e) la persona que vende carne:

_____

f) la persona que corta el pelo:

_____

g) la persona que cuida el jardín:

_____

h) la persona que escribe artículos en un periódico:

_____

3.- ¿Qué adjetivos posesivos corresponden a los siguientes pronombres?

i) You _____

j) She _____

Estos adjetivos tienen la misma forma con nombres masculinos o femeninos.

This man is my father.
Este hombre es mi padre.

This woman is my mother.
Esta mujer es mi madre.

That boy is Peter.
Ese/aquel muchacho es Peter.

That girl is tall.
Esa/aquella muchacha es alta.

ADJETIVOS DEMOSTRATIVOS
(THIS, THAT, THESE, THOSE)

Los adjetivos demostrativos se utilizan para mostrar la distancia entre el hablante y el objeto del que se habla. Suelen aparecer acompañados de un nombre.

El demostrativo «**that**» puede contraerse con «**is**»:

That is my car ▶ **That's** my car
Ése/aquél es mi auto.

Sus formas en singular son:

this: *este, esta, esto*

that: *ese, esa, eso, aquel, aquella, aquello*

Las formas en plural son:

these: *estos, estas*

those: *esos, esas, aquellos, aquellas*

These books are interesting.
Estos libros son interesantes.

Recuerda

En español hay tres grados distintos de proximidad (cerca, media distancia, lejos), pero, como se puede ver, en inglés sólo hay dos: «**this**», que se usa para referirse a objetos <u>cercanos</u> al hablante (está relacionado con «aquí»), y «**that**», que se utiliza para referirse a objetos que se encuentran tanto <u>a cierta distancia</u> como <u>lejos</u> del hablante (está relacionado con «allí»).

These women are Spanish.
Estas mujeres son españolas.

Those computers are expensive.
Esas computadoras son caras.

Are **those** girls Linda and Betty?
¿Son esas/aquellas muchachas Linda y Betty?

De igual manera que en singular, vemos que en inglés sólo hay dos grados de proximidad.

Cuando nos refiramos a cercanía o lejanía en el tiempo
también se usanestos adjetivos demostrativos:

this week: *esta semana*	**that** summer: *ese/aquel verano*
that week: *esa/aquella semana*	**these** days: *estos días*
this year: *este año*	**those** days: *esos/aquellos días*
that year: *ese/aquel año*	**these** months: *estos meses*
this summer: *este verano*	**those** months: *esos/aquellos meses*

VOCABULARIO:
LA FAMILIA – *The family*

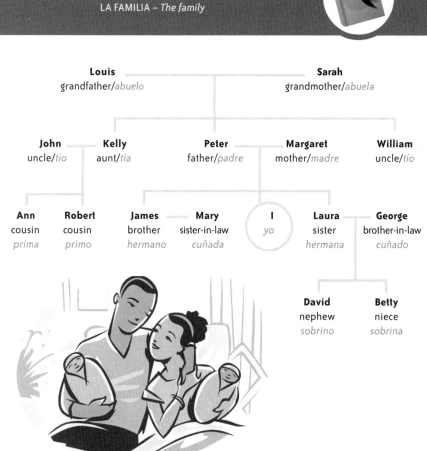

Louis
grandfather/*abuelo*

Sarah
grandmother/*abuela*

John
uncle/*tío*

Kelly
aunt/*tía*

Peter
father/*padre*

Margaret
mother/*madre*

William
uncle/*tío*

Ann
cousin
prima

Robert
cousin
primo

James
brother
hermano

Mary
sister-in-law
cuñada

I
yo

Laura
sister
hermana

George
brother-in-law
cuñado

David
nephew
sobrino

Betty
niece
sobrina

Otros términos relacionados con la familia son:

parents: *padres*

children: *hijos*

son: *hijo*

daughter: *hija*

grandparents: *abuelos*

grandchildren: *nietos*

grandson: *nieto*

granddaughter: *nieta*

husband: *marido, esposo*

wife: *mujer, esposa*

parents-in-law: *suegros*

father-in-law: *suegro*

mother-in-law: *suegra*

son-in-law: *yerno*

daughter-in-law: *nuera*

boyfriend: *novio*

girlfriend: *novia*

Mary is my **sister-in-law**.
Mary es mi cuñada.

Is Sarah your **grandmother**?
Yes, she is.
¿Es Sarah tu abuela? Sí, lo es.

Kelly is my **aunt**.
Her **husband** is John.
Kelly es mi tía. Su marido es John.

My **grandparents** have
five **grandchildren**.
Mis abuelos tienen cinco nietos.

Ejercicios

1.- Subrayar los adjetivos demostrativos adecuados.

a) Si los muchachos están lejos:
These / Those boys are Peter and John.

b) Si el libro está a cierta distancia:
This / That book is interesting.

c) Si el teléfono móvil se encuentra cerca:
That / This cell phone is German.

d) Si los autos están cerca:
Those / These cars are blue.

e) Si el portátil está a cierta distancia:
That / This laptop is expensive.

2.- ¿Cómo se denomina a…..?

f) La hermana de mi madre

_____

g) Los padres de mi padre

_____

h) La hija de mi hermano

_____

i) El marido de mi hermana

_____

j) El hijo de mi tío

_____

unidad 6

1 FORMULAR PREGUNTAS CON PRONOMBRES INTERROGATIVOS
2 PREGUNTAR POR INFORMACIÓN PERSONAL
3 LOS COLORES – *The colors*
4 EJERCICIOS

FORMULAR PREGUNTAS CON PRONOMBRES INTERROGATIVOS

Los pronombres interrogativos son palabras que utilizamos al principio de las preguntas para demandar información acerca de cosas, personas, lugares, momentos, etc.

Estas preguntas no se pueden responder con un «sí» o un «no», por lo que no se pueden usar las respuestas cortas, sino que se necesitan respuestas más elaboradas.

What?	*¿Qué, (cuál/cuáles)?*
Where?	*¿Dónde?*
Who?	*¿Quién? / ¿Quiénes?*
When?	*¿Cuándo?*
How?	*¿Cómo?*

What is her address?
¿Cuál es su dirección?

Where are you from? / *¿De dónde eres?*

Who is she? / *¿Quién es ella?*

When is your birthday?
¿Cuándo es tu cumpleaños?

How are you? / *¿Cómo estás?*

En muchas ocasiones podemos encontrar contracciones con «**is**».

What is = What's
What's your name?
¿Cuál es tu nombre?

Where is = Where's
Where's the car?
¿Dónde está el auto?

What is your name? My name is Bob.
¿Cuál es tu nombre? Me llamo Bob.

Where is Susan? She is in Detroit.
¿Dónde está Susan? Está en Detroit.

Who is Mr. King? He is my father.
¿Quién es el Sr. King? Es mi padre.

When is the match? At five o'clock.
¿Cuándo es el partido? A las cinco.

How are you? I'm fine, thanks.
¿Cómo estás? Estoy bien, gracias.

PREGUNTAR POR INFORMACIÓN PERSONAL

Cuando preguntamos por información personal, en muchos casos hacemos uso de los pronombres interrogativos anteriores.

What is your... / ¿Cuál es tu...

name? / nombre?
address? / dirección?
telephone number? / número de teléfono?

My/Mi

name/nombre
address/dirección
telephone number/número de teléfono

is.../es...

What is your job? I'm a teacher.
¿Cuál es tu trabajo? Soy profesor.

Where are you from? I'm from Italy.
¿De dónde eres? Soy de Italia.

How are you? I'm not very well.
¿Cómo estás? No estoy muy bien.

VOCABULARIO:
LOS COLORES - The colors

red	rojo
blue	azul
yellow	amarillo
green	verde
orange	anaranjado
brown	marrón
black	negro
white	blanco
gray	gris
pink	rosa
purple	morado
fuchsia	fucsia
sky blue	azul celeste
navy blue	azul marino

What **color** is that door?
¿De qué color es esa puerta?

My umbrella is **blue** and **red**.
Mi paraguas es azul y rojo.

Para expresar la intensidad del color usamos «**light**» (claro) y «**dark**» (oscuro) junto al **color**.

This car is **light green**.
Este auto es verde claro.

Her cell phone isn't **dark brown**. It's **black**.
Su móvil no es marrón oscuro. Es negro.

Ejercicios

1.- Completa con el pronombre interrogativo correspondiente.

a) _____ are you? I am in my house.

b) _____ is your name?
My name is Rose.

c) _____ is that man? That man is my father.

d) _____ are they from? They're from Brazil.

e) _____ is your mother? She's very well, thank you.

f) _____ is «Independence Day» in the USA? It's on July, 4th.

g) _____ 's that orange box? It's a present for Sarah.

2.- ¿De qué color es......?

h) a banana

_____

i) coffee

_____

j) sugar

_____

---

unidad 7

EL ARTÍCULO DETERMINADO «THE»

El artículo determinado **«the»** significa *«el, la, los, las»*, es decir, se usa tanto para el masculino y femenino, como para el singular y plural.

the car, **the** cars
el auto, los autos

the house, **the** houses
la casa, las casas

«The» se utiliza:

- Cuando el hablante y el oyente conocen aquello que se trata:
The book is interesting.
El libro es interesante (todos saben qué libro).

- Al referirnos a algo mencionado anteriormente:
These are my children. **The** boy is Tom.
Éstos son mis hijos. El niño es Tom.

- Al hablar de algo único:
He is **the** president. / *Él es el presidente.*

- Con nombres de hoteles, restaurantes, museos, periódicos, teatros, etc.
I work at **the** Royal Hotel
Trabajo en el Hotel Royal

That newspaper is **the** Miami Herald
Ese periódico es el Miami Herald.

Hay que señalar que el artículo «the» se puede ponunciar de dos maneras. De forma general, si precede a una palabra que comienza con un sonido consonántico, se ponuncia /de/, pero si precede a una palabra que comienza con un sonido de vocal, se pronuncia /di/. No hay que olvidar que la «th» del artículo suele pronunciarse como un sonido entre la «d» y la «z».

the boy	/<u>de</u> boi/
the alphabet	/<u>di</u> alfabet/
the table	/<u>de</u> teibol/
the egg	/<u>di</u> eg/

LOS ADVERBIOS «HERE» y «THERE»

«Here» (aquí, acá) y **«there»** (allí, allá, ahí) son dos adverbios de lugar.

«Here» se utiliza cuando indicamos que algo está cerca del hablante, o bien un lugar próximo a él:

Come **here**! / *¡Ven aquí!*
I am **here**. / *Estoy aquí.*

«There» se usa cuando indicamos que algo está retirado o alejado del hablante, o bien un lugar distante de él:

Her sister is **there**.
Su hermana está allí
My cell phone isn't **there**.
Mi teléfono móvil no está allí.

En muchos casos estos adverbios aparecen en otras expresiones:

My house is **right here**.
Mi casa está aquí mismo.

Your father is **over there**.
Tu padre está por allí.

VOCABULARIO:
AGRADECIMIENTOS - *Thanking*

Para dar las gracias por algo, podemos decir:

Thanks / *Gracias*

Thank you / *Gracias*

Thanks a lot / *Muchas gracias*

Thank you very much / *Muchas gracias*

Thank you very much, indeed!

¡Muchísimas gracias!

Y para responder:

You're welcome!* / *¡De nada!*

Not / Nothing at all! / *¡De nada!*

Don't mention it! / *¡No hay de qué!*

(*) Ésta es la expresión más usada de manera coloquial.

Ejercicios

1.- Completa los espacios con los artículos «the» o «a/an».

a) They are European. _____ director is Italian and_____ secretary is French.

b) We are at_____ Metropolitan Hotel.

c) It is_____Washington Post.

d) He is_____ electrician.

e) There are two animals: _____dog is Tobby and _____cat is Flippy.

2.- Rellenar los espacios con «here» o «there».

f) (I'm in Spain). They are in Florida. They live _____

g) We are _____ but they are

h) (I'm in the kitchen). The dictionary? It isn't _____ It is over _____, in the living room.

3.- ¿Cuál es la respuesta más usual cuando nos dan las gracias por algo?

_____

_____

4.- ¿Con qué expresión de una sola palabra podemos dar las gracias?

_____

28

PREPOSICIONES DE LUGAR («IN», «ON», «AT»)

Las preposiciones «in», «on» y «at» equivalen a «*en*» en español, pero se usan en situaciones diferentes.

IN significa «*en*» o «*dentro*» de un lugar o espacio limitado:

My father's **in** the kitchen.
Mi padre está en la cocina.

They are **in** Canada.
Ellos están en Canadá.

The gift is **in** a box.
El regalo está en una caja.

También:

in a car	*en un auto*
in a shop	*en una tienda*
in a park	*en un parque*
in the water	*en el agua*
in the sea	*en el mar*
in the newspaper	*en el periódico*
in bed	*en la cama*
in the house	*en la casa*

> **ON** significa «*en*» o «*sobre*» una superficie, con la que se tiene contacto.

My glasses are **on** the table.

Mis gafas están en la mesa.

The pictures are **on** the walls.

Los cuadros están en las paredes.

The children are playing **on** the floor.

Los niños están jugando en el suelo.

Ya apreciamos algunas diferencias entre «**in**» y «**on**»:

Tratándose de automóviles usaremos «**in**»(in a car, in a taxi), pero con otros medios de transporte usamos «**on**» (on a bus, on a plane).

También:

on a bus	*en un autobús*
on a train	*en un tren*
on a plane	*en un avión*
on Oak street	*en la calle Oak*
on a chair	*en una silla*
on the first floor	*en el primer piso*

> **AT** significa «*en*» al referirnos a un punto, a un lugar determinado.

Mike is **at** the door.

Mike está en la puerta.

Your cousin is **at** the bus stop.

Tu prima está en la parada del autobús.

I live **at** 24, Benson Street.

Vivo en la calle Benson, número 24.

Y en expresiones

on the radio

en la radio

on television (on TV)

en televisión

on the right / left

a la derecha / izquierda

También:

at the gas station	*en la gasolinera*
at the airport	*en el aeropuerto*
at the traffic light	*en el semáforo*
at home	*en casa*
at work	*en el trabajo*
at school	*en la escuela*
at the meeting	*en la reunión*
at the concert	*en el concierto*

En algunos casos, la diferencia entre «**in**» y «**at**» es que el primero se refiere al «interior de un recinto» y el segundo a la «actividad propia que se realiza en un recinto»:

The accident happened **in** the school.
El accidente ocurrió en la escuela.

The children are **at** school.
Los niños están en la escuela.
(Aprendiendo)

1.- Completar las oraciones con «in», «on» o «at».

a) The pictures are _____ the wall.

b) Is the book _____ the table?

c) Sheila is _____ work.

d) Peter is not very well. He is _____ bed.

e) Are they_____ the car?

f) There is a good program _____ television.

g) Greg is _____ the bus stop.

h) The pilot works _____ a plane.

i) Where are the children?
They are _____ school.

j) The computer is _____ a shop, _____ Drafton Street.

unidad 9

1 EL PRESENTE SIMPLE (FORMA AFIRMATIVA)
2 LA TERCERA PERSONA SINGULAR DEL PRESENTE SIMPLE
3 RUTINAS - *Routines*
4 EJERCICIOS

EL PRESENTE SIMPLE (Forma afirmativa)

El **presente simple** de los verbos se usa para expresar **acciones habituales o rutinarias**.

En frases afirmativas, se forma con el **infinitivo** del verbo (sin»to»), que es invariable para todas las personas, excepto para la 3ª persona del singular (he, she, it), donde se añade una **«s»**. Así:

[To eat: *comer*]

I	**eat**	yo como
you	**eat**	tú comes - usted come
he	**eats**	él come
she	**eats**	ella come
it	**eats**	come
we	**eat**	nosotros/as comemos
you	**eat**	vosotros/as coméis - ustedes comen
they	**eat**	ellos/as comen

We **eat** a lot of fish.
Nosotros comemos mucho pescado.

She **lives** in New Mexico.
Ella vive en Nuevo México.

I **speak** Spanish. / *Hablo español.*

You **work** from Monday to Friday.
Tú trabajas de lunes a viernes.

The dog **drinks** a lot of water.
El perro bebe mucha agua.

They **study** English.
Ellos estudian inglés.

LA TERCERA PERSONA SINGULAR DEL PRESENTE SIMPLE

Ya hemos visto que la 3ª persona del singular (he, she, it) del presente simple, en frases afirmativas, se forma añadiendo una **«-s»** al **infinitivo** del verbo. Ésta es la regla general, pero hay algunas excepciones:

- Si el infinitivo acaba en **–s, -sh, -ch, -o, -x**, o **–z**, se añade **«-es»**.

To **pass** *(aprobar)*:

He **passes** his exams.
Él aprueba sus exámenes.

To **wash** *(lavar)*:

She **washes** her hands.
Ella se lava las manos.

To **watch** TV *(ver la TV)*:
He **watches** TV every evening.
Él ve la TV todas las noches.

To **do** *(hacer)*:
She **does** her homework.
Ella hace sus deberes.

To **go** *(ir)*:
My father **goes** to work by car.
Mi padre va a trabajar en auto.

- Si el infinitivo acaba en «**-y**» precedida de vocal, se añade «**-s**», pero si va precedida de una consonante, la «**y**» se transforma en «**i**» y se añade «**-es**».

To **play** *(jugar, tocar un instrumento)*:
He **plays** tennis.
Él juega al tenis.

To **cry** *(llorar)*:
The baby **cries** a lot.
El bebé llora mucho.

VOCABULARIO:
RUTINAS - *Routines*

(to) get up / *levantarse*

(to) take a shower / *tomar una ducha*

(to) work / *trabajar*

(to) go to work / *ir a trabajar*

(to) go back home / *volver a casa*

(to) watch television / *ver la televisión*

(to) study / *estudiar*

(to) read the newspaper
leer el periódico

(to) rest, relax / *relajarse*

(to) go to bed / *irse a la cama*

(to) have...

breakfast / *desayunar*

lunch / *comer, almorzar*

dinner - supper / *cenar*

Ejercicios

1.- Conjugar los verbos en tercera persona del singular del presente simple:

a) do _____

b) buy _____

c) take _____

d) study _____

e) push _____

2.- Completar los espacios con el verbo y la forma correspondientes en presente simple.

Verbos: **work, live, go, watch, read.**

f) She _____ to bed late.

g) They _____ the newspaper.

h) We _____ in a bank.

i) My brother _____ television in the evening.

j) I _____ in an apartment.

unidad 10
contenido

1 EL PRESENTE SIMPLE (FORMA NEGATIVA)
2 EL PRESENTE SIMPLE (FORMA INTERROGATIVA)
3 LOS DÍAS DE LA SEMANA – *The days of the week*
4 EJERCICIOS

EL PRESENTE SIMPLE (Forma negativa)

Para expresar frases negativas en presente, se utiliza el auxiliar **«don't»** delante del **infinitivo del verbo** para todas las personas, excepto para la 3ª persona del singular (he, she, it), para la que se usa **«doesn't»**. En este último caso, el infinitivo no añade «s». Tanto **«don't»** como **«doesn't»** equivalen a «*no*» en español.

Sujeto + **don't / doesn't** + infinitivo

I **don't like** wine.

No me gusta el vino.

We **don't study** German.

No estudiamos alemán.

You **don't do** exercise.

Vosotros no hacéis ejercicio.

They **don't work** in Miami.

Ellos no trabajan en Miami.

33

He **doesn't play** the piano.
Él no toca el piano.

She **doesn't get up** at seven.
Ella no se levanta a las siete.

The machine **doesn't work** properly.
La máquina no funciona correctamente.

Does he **have** a blue car?
¿Tiene él un auto azul?

Does she **like** vegetables?
¿Le gustan las verduras (a ella)?

Does it **rain** in winter?
¿Llueve en invierno?

EL PRESENTE SIMPLE
(Forma interrogativa)

Para formular preguntas en presente, se coloca el auxiliar **«do»** delante del sujeto, o **«does»** si es 3ª persona del singular (he, she, it), y se usa el **verbo en infinitivo**. En este caso, ni «do» ni «does» tienen traducción en español, sino que son la marca de pregunta.

Do
Does + sujeto + **infinitivo**...?

Do I **have** much money?
¿Tengo mucho dinero?

Do you **understand**? / *¿Comprendes?*

Do we **go** to bed late?
¿Nos vamos a la cama tarde?

Do they **watch** television?
¿Ven ellos la televisión?

Estas preguntas se pueden responder de forma corta:

Do you understand?
Yes, I do.
¿Comprendes? Sí.

Does he have a blue car?
No, he doesn't.
¿Tiene él un auto azul? No.

Las preguntas también
pueden comenzar con un
pronombre interrogativo:

Where do you **live?**
¿Dónde vives?

What does he **do?**
¿Qué hace él?, ¿A qué se dedica él?

When do they **study?**
¿Cuándo estudian?

I **don't do** exercise.
No hago ejercicio

Do you **do** the shopping?
¿Haces la compra?

When **does** he **do** his homework?
¿Cuándo hace él sus deberes?

VOCABULARIO:
LOS DÍAS DE LA SEMANA
The days of the week

Monday	*lunes*
Tuesday	*martes*
Wednesday	*miércoles*
Thursday	*jueves*
Friday	*viernes*
Saturday	*sábado*
Sunday	*domingo*
weekend	*fin de semana*

Hemos de recordar que,
en inglés, los días de la semana
siempre se escriben en
mayúscula, y, cuando nos
referimos a ellos, solemos
usar la preposición «**on**».

The class is **on Thursday**.
La clase es el jueves.

Ejercicios

1.- Completar los espacios con la forma negativa de los siguientes verbos: speak, play, eat, work.

a) I _____ basketball.

b) My dog _____ chocolate.

c) Sally and Jess _____ Chinese.

d) They _____ on Sunday.

2.- Realizar preguntas para obtener las siguientes respuestas.

e) _____

No, I don't go to work by bus.

f) _____

She lives in Miami.

g) _____

Yes, she lives in Miami.

h) _____

They have a new computer.

3.- Responder de forma corta.

i) Do you like whisky? No, _____

j) Does it rain in London? Yes, _____

EL VERBO «TO HAVE»

El verbo «**to have**» es uno de los más importantes en inglés. Equivale en español a los verbos «*tener*» y «*haber*». En esta unidad vamos a considerar a «**to have**» como «*tener*».

Su forma afirmativa en presente simple es:

[To have: *tener*]		
I	**have**	yo tengo
you	**have**	tú tienes - usted tiene
he	**has**	él tiene
she	**has**	ella tiene
it	**has**	tiene
we	**have**	nosotros/as tenemos
you	**have**	vosotros/as tenéis
		ustedes tienen
they	**have**	ellos/as tienen

Podemos ver que el verbo (**have**) es igual para todas las personas, excepto para la tercera del singular (he, she, it), que es «**has**».

I **have** a brother and a sister
Tengo un hermano y una hermana

She **has** an old computer
Ella tiene una computadora antigua

They **have** two houses
Ellos tienen dos casas

Las frases negativas y las preguntas con este verbo se forman de igual manera que con el resto de los verbos no auxiliares.

I **don't have** blue eyes
No tengo los ojos azules

He **doesn't have** a pet / *Él no tiene mascota*

Do you **have** a dictionary?
¿Tienes un diccionario?

What **does** he **have**? / *¿Qué tiene él?*

En algunas situaciones (y fundamentalmente en inglés británico) podemos usar «**to have got**» como sinónimo de «**to have**». En este caso hemos de tener en cuenta que «**to have got**» sí es un verbo auxiliar. Así, comparando ambos verbos:

You **have** a dog = You **have got** a dog
You**'ve got** a dog

He **has** a dog = He **has got** a dog
He**'s got** a dog

You **don't have** a dog = You **haven't got** a dog

He **doesn't have** a dog = He **hasn't got** a dog

Do you **have** a dog? Yes, I **do** =
Have you **got** a dog? Yes, I **have**

Al hablar sobre el pelo podemos usar algunos de los siguientes adjetivos:

COLOR:
black *(negro)*
dark *(oscuro)*
brown *(castaño)*
blond / fair *(rubio)*
red *(pelirrojo)*

FORMA:
straight *(liso, lacio)*
curly *(rizado)*
wavy *(ondulado)*

TAMAÑO:
long *(largo)*
short *(corto)*

Si hablamos de los ojos,
éstos pueden ser:

COLOR:
brown *(marrones)*
blue *(azules)*
green *(verdes)*
black *(negros)*

TAMAÑO:
big *(grandes)*
small *(pequeños)*

Cuando usemos varios de estos
adjetivos en una frase, el orden
de dichos adjetivos será
«**tamaño – forma – color**»:

She has **long, curly, blond** hair
*Ella tiene el pelo largo,
rizado y rubio.*

I have **small, brown** eyes
*Tengo los ojos pequeños
y marrones.*

Ejercicios

1.- Corregir las frases que lo precisen
(sin dejar de ser afirmativas, negativas o
interrogativas).

a) I doesn't have long hair.
_____

b) He doesn't has a small nose.
_____

c) We don't have big, brown eyes.
_____

d) Does she has straight red hair?
_____

e) They have big ears and a small mouth.
_____

2.- Ordenar las letras para formar
palabras relativas a las partes de la cara.

f) H T E T E _____

g) E D F A H E R O _____

h) T M U H O _____

i) B W E E R Y O _____

j) N I H C _____

EL CASO GENITIVO

Hay diversas maneras de expresar posesión en inglés. Una de ellas es usando los adjetivos posesivos (ver unidad 4):

My brother is Tom / *Mi hermano es Tom.*

That is **your** boyfriend / *Ése es tu novio.*

A continuación vamos a tratar el **caso genitivo**, que es otra manera de expresar posesión. Se utiliza cuando en la frase aparecen tanto el poseedor (que ha de ser una persona o, a veces, un animal), como aquello que se posee.

El orden habitual en español es: en primer lugar, la posesión, y después la preposición «de», que introduce al poseedor. En inglés se forma al revés: primero aparece el poseedor, a éste se le añade un apóstrofe y una «s» y después, aquello que se posee.

El ⌒libro⌒ de ⌒John⌒

John's book

a) Si la posesión va precedida de un artículo determinado (el, la, los, las), éste desaparece en inglés.

<u>El</u> perro de Mike
Mike's dog.

<u>La</u> casa de Susan es grande
Susan's house is big.

Linda's book is interesting
El libro de Linda es interesante

She doesn't like **Peter's work**
A ella no le gusta el trabajo de Peter

My brother's name is James
El nombre de mi hermano es James

Her father's sister is her aunt
La hermana de su padre es su tía

b) Cuando el poseedor acaba en «s» por ser un nombre plural, sólo se agrega el apóstrofe:

Your parents' house is very nice
La casa de tus padres es muy bonita.

This is **his friends' classroom**
Esta es la clase de sus amigos

39

c) Cuando el nombre propio del poseedor termina en «s», se le puede añadir apóstrofe y «s» o sólo el apóstrofe, pero la pronunciación varía.

Dennis**'s** dog (se pronuncia *dénisiz*)
Dennis**'** dog (se pronuncia *dénis*)

d) El caso genitivo también se utiliza cuando «el poseedor» es un adverbio de tiempo:

Today's newspaper
El periódico de hoy

VOCABULARIO: LOS NÚMEROS 0 AL 10 / *Numbers 0-10*

0	zero*
1	one
2	two
3	three
4	four
5	five
6	six
7	seven
8	eight
9	nine
10	ten

Cuando nos referimos a una cifra aproximada, hacemos uso del adverbio **«about»** *(aproximadamente, más o menos).*

* «Zero» se pronuncia «/zírou/», con «s» silbante.

I have **three** brothers and **two** sisters
Tengo tres hermanos y dos hermanas

The temperature is **zero** degrees Celsius
La temperatura es cero grados Celsius

Paul's dog is **seven** years old
El perro de Paul tiene siete años

The dog is **about** <u>five</u> years old.
El perro tiene aproximadamente cinco años.

There are **about** <u>ten</u> students in the classroom.
Hay aproximadamente diez estudiantes en el aula.

Ejercicios

unidad 13
contenido

1 LOS ADVERBIOS DE FRECUENCIA
2 USO DE «HOW OFTEN ....?»
3 PRESENTACIONES – Introducing people
4 EJERCICIOS

1.- Unir las dos frases en una, usando el caso genitivo. Ex: Peter has a sister. She is tall. ▶ Peter's sister is tall.

a) Barbara has some friends.
They are English. _____

b) My parents have a car.
It is red. _____

c) Your neighbor has a name.
It is Robert. _____

d) Nadia has a cat.
It is two months old. _____

e) Today is the match.
It is interesting. _____

2.- Completar las casillas con los números en letra y aparecerá otro número en vertical (j).

		j)
f)	4	_ _ _ _
g)	9	_ _ _ _
h)	7	_ _ _ _
i)	8	_ _ _ _

LOS ADVERBIOS DE FRECUENCIA

Estos adverbios nos indican la frecuencia con la que tiene lugar una acción.
Entre ellos están:

always	*siempre*
generally	*generalmente*
usually	*normalmente*
sometimes	*a veces*
rarely	*pocas veces*
hardly ever	*casi nunca*
never	*nunca*

Soluciones:

1.- a) Barbara's friends are English;
b) My parents' car is red;
c) Your neighbor's name is Robert; **d)** Nadia's cat is two months old;
e) Today's match is interesting.
2.- f) 4 - FOUR, **g)** 9 - NINE, **h)** 7 - SEVEN,
i) 8 - EIGHT, **j) FIVE**

Se colocan detrás del verbo «to be» (u otro auxiliar), si éste aparece en la frase, o delante del verbo, si éste es otro.

I <u>am</u> **usually** at home
Normalmente estoy en casa.

You **rarely** <u>wash</u> your car
Lavas tu auto pocas veces.

He <u>is</u> **never** late
Él nunca llega tarde.

Does she **always**
<u>buy</u> the newspaper?
¿Ella siempre compra el periódico?

They **sometimes** <u>watch</u> the news on TV
Ellos a veces ven las noticias en TV

Algunos de estos adverbios también pueden aparecer colocados al principio o al final de la frase.

I **sometimes** go to the gym
=
Sometimes I go to the gym
A veces voy al gimnasio.

Con el interrogativo «**How often?**» preguntamos por la frecuencia con la que tiene lugar una acción.

- **How often** do you read the newspaper?
¿Con qué frecuencia lees el periódico?

- I <u>usually</u> read the newspaper
Normalmente leo el periódico

- **How often** does she get up early?
¿Con qué frecuencia se levanta ella temprano?

- She <u>never</u> gets up early
Ella nunca se levanta temprano.

VOCABULARIO:
PRESENTACIONES - *Introducing people*

- Para presentarse uno a sí mismo se pueden utilizar distintas expresiones:

Hello, **I'm** Bob. (informal)
Hola, soy Bob

My name is Bob. (formal)
Mi nombre es Bob

- Para presentar a otra persona se puede decir:

Peter, **this is** Susan. (informal)
Peter, ella es Susan

Let me introduce you to Susan. (formal)
Permítame presentarle a Susan

I'd like to introduce you to Susan. (formal)
Me gustaría presentarle a Susan

- Al saludarse las personas que se han presentado, suelen decir:

(It's) **nice to meet you.** (informal)
Mucho gusto / Encantado de conocerte

(I'm) **pleased / glad to meet you.** (informal)
Mucho gusto / Encantado de conocerte

How do you do?* (formal)
Es un placer conocerle

* Esta pregunta se responde formulando la misma pregunta.

Ejercicios

1.- Colocar el adverbio de frecuencia donde corresponda.

a) He_____ plays football _____(never)
b) I_____go_____to the movies. (often)
c) They_____are_____at home. (always)
d) We_____watch_____the news. (sometimes)
e) She_____is_____at school in the morning. (usually)

2.- ¿Con qué expresión se pregunta por la frecuencia con que se realiza una acción?

_____

3.- ¿Qué expresión informal o coloquial se usa para presentar a alguien a una tercera persona?

_____

4.- Ordenar las palabras para formar frases:

f) do to theater how go you the often ?

_____

g) you meet pleased to.

_____

h) play they the never piano.

_____

unidad 14

1. LOS ADJETIVOS (Calificativos)
2. LOS ADVERBIOS DE INTENSIDAD *(Very, quite, pretty)*
3. ADJETIVOS RELATIVOS A LA PERSONALIDAD Y AL ASPECTO FÍSICO
4. DESCRIBIR A ALGUIEN
5. EJERCICIOS

LOS ADJETIVOS (Calificativos)

Los adjetivos se usan para describir personas, animales, cosas, lugares, circunstancias, etc., indicando características de los mismos. Así, pueden indicar color, tamaño, procedencia, peso, aspecto, etc.

She is **tall** / *Ella es alta*

That girl is very **intelligent**
Esa muchacha es muy inteligente

Los adjetivos no tienen marca de género ni número, es decir, son invariables para el masculino, femenino, singular y plural.

This car is **expensive**
*Este auto es **caro**.*

These cars are **expensive**
*Estos autos son **caros**.*

This house is **expensive**
*Esta casa es **cara**.*

These houses are **expensive**
*Estas casas son **caras**.*

Cuando los adjetivos acompañan a un nombre, se colocan delante de él.

It's a **difficult** exercise
Es un ejercicio difícil

They are **good** students
Ellos/as son buenos/as estudiantes

That **slim** boy is my brother
Ese muchacho delgado es mi hermano

LOS ADVERBIOS DE INTENSIDAD
(Very, quite, pretty)

Los adverbios «**very**» *(muy)*, «**pretty**» *(muy)* y «**quite**» *(bastante)* se colocan delante de adjetivos o de otros adverbios para reforzar su significado.

She cooks **very** well / *Ella cocina muy bien*

The exam is **pretty** difficult
El examen es muy difícil

That movie is **quite** interesting
Esa película es bastante interesante

Isn't she **pretty** funny?
¿No es ella muy divertida?

VOCABULARIO:
ADJETIVOS RELATIVOS A LA PERSONALIDAD Y AL ASPECTO FÍSICO

Personalidad		Aspecto físico	
shy	*tímido*	**young**	*joven*
extroverted	*extrovertido*	**old**	*viejo*
quiet	*callado, tranquilo*	**strong**	*fuerte*
talkative	*hablador*	**weak**	*débil*
nice	*simpático, agradable*	**tall**	*alto*
		short	*bajo*
		thin, slim	*delgado*
		fat, overweight	*gordo*
		handsome	*guapo (hombre)*

funny	*divertido*		
intelligent	*inteligente*		
cheerful	*alegre*	**pretty**	*guapa (mujer)*
absent-minded	*distraído*	**ugly**	*feo*

They are very **talkative**
Ellos son muy habladores.

We are **tall** and **thin**
Somos altas y delgadas.

William is very **funny**
William es muy divertido.

Brenda is **pretty** but
she isn't **extroverted**
Brenda es guapa pero no es extrovertida.

DESCRIBIR A ALGUIEN

Para describir a una persona se usan los verbos «**to be like**» y «**to look like**». Estos dos verbos significan *«parecerse a / ser (como)»*, pero «**to be like**» se refiere a la personalidad o al carácter, mientras que «**to look like**» se refiere al parecido físico. Así, para pedir descripciones se usan estas dos preguntas:

What is Maggie **like?**
¿Cómo es Maggie (de carácter)?

She is <u>shy</u> and <u>quiet</u>
Ella es tímida y callada.

What does Maggie **look like?**
¿Cómo es Maggie (físicamente)?

She is <u>tall</u>, <u>thin</u> and very <u>pretty</u>
Ella es alta, delgada y muy guapa.

Ejercicios

1.- Corregir los errores en las siguientes frases.

a) They have two blues cars and a red motorbike.

b) The girl cheerful is Susan and the girl shy is Laura.

c) They are shorts but their brother is tall.

d) She is pretty but her cousins are very uglies.

e) The exercices are very difficults.

2.- ¿Qué adjetivo es el opuesto a .....?

f) shy _____

g) tall _____

h) talkative _____

3.- ¿Cómo se pregunta por una descripción física de Michael?

_____

4.- ¿Cómo se pregunta por una descripción de la personalidad de Peter?

_____

46

unidad 15

contenido

1 LAS PREPOSICIONES DE TIEMPO («IN», «ON», «AT»)
2 LOS NÚMEROS 11 AL 99 – *Numbers 11-99*
3 PREGUNTAR Y RESPONDER ACERCA DE LA EDAD
4 EJERCICIOS

ON se usa:

I go to the gym **on** Wednesdays
Voy al gimnasio los miércoles

My birthday is **on** March, 12th
Mi cumpleaños es el 12 de marzo

LAS PREPOSICIONES DE TIEMPO
(In, on, at)

«**In**», «**on**» y «**at**» son preposiciones muy usadas en expresiones de tiempo.

IN se usa:

- Con meses, estaciones y años:

The exam is **in** April / *El examen es en abril.*

It's hot **in** summer / *Hace calor en verano.*

He was born **in** 1975 / *Él nació en 1975.*

- Con partes del día:

in the morning	*por la mañana*
in the afternoon	*por la tarde*
in the evening	*por la tarde/noche*
pero: **at** night	*por la noche*

They get up early **in** the morning
Ellos se levantan temprano por la mañana.

- Para expresar
«dentro de + período de tiempo»:

They will be here **in** two hours
Estarán aquí dentro de dos horas

- Si nos referimos a un día y a una parte de ese día, se usa «on», pero desaparece «in the» delante de la parte del día:

I usually go out **on**
Saturday evenings.
*Normalmente salgo los
sábados por la noche.*

- En expresiones como
«**on** the weekend / **on** weekends»
(el fin de semana/los fines de semana)

I never work **on** weekends
Nunca trabajo los fines de semana

A partir del número 21,
entre las decenas y las unidades
siempre aparece un guión.

PREGUNTAR Y RESPONDER ACERCA DE LA EDAD

Para preguntar la edad de
alguien usamos **«How old?»**
(¿qué edad?) y el **verbo «to be»**:

How old **are you?**
¿Qué edad tienes?

How old **is your mother?**
¿Qué edad tiene tu madre?

VOCABULARIO:
LOS NÚMEROS 11 a 99 / *Numbers 11-99*

11 eleven	**21** twenty-one
12 twelve	**22** twenty-two
13 thirteen	**30** thirty
14 fourteen	**40** forty
15 fifteen	**50** fifty
16 sixteen	**60** sixty
17 seventeen	**70** seventy
18 eighteen	**80** eighty
19 nineteen	**90** ninety
20 twenty	**99** ninety-nine

Para responder:

I **am** twenty-seven (years old)
Tengo 27 años

My mother **is** fifty-nine (years old)
Mi madre tiene 59 años

Ejercicios

1.- Completar con «in», «on» y «at» donde sea necesario.

a) The exam is _____ 9 o'clock _____ the morning.

b) She never works_____weekends.

c) My grandmother was born_____ 1912.

d) I go out with my friends_____Sunday _____ evenings.

e) They are on vacation_____Easter.

2.- ¿Cómo le preguntas a Leo qué edad tiene Lucy?

_____

3.- Relacionar:

g) 40   seventeen
h) 14   forty
i) 71   seventy-one
j) 17   fourteen

---

unidad 16
contenido

1   PREGUNTAR Y RESPONDER ACERCA DE LA HORA
2   EJERCICIOS

PREGUNTAR Y RESPONDER ACERCA DE LA HORA

Para preguntar la hora decimos:

What time is it?
What's the time?   } *¿Qué hora es?*

Y para responder a esta pregunta, podemos decir:

It's twenty after two
(Son las dos y veinte).

Como vemos en el ejemplo, primero expresamos los minutos y luego las horas. Entre los minutos y las horas usaremos **«after»**, si el minutero está entre las 12 y las 6, o **«to»**, si el minutero está entre las 6 y las 12, es decir, **«after»** corresponde a «y» y **«to»** corresponde a *«menos»*.

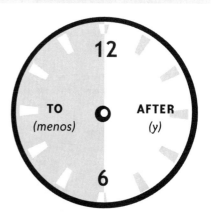

La forma completa es:
It's + minutos + after / to + hora

01:10   It's ten **after** one
Es la una y diez.

03:55   It's five **to** four
Son las cuatro menos cinco.

Para marcar las horas en punto:
It's + hora + o'clock

02:00   It's two **o'clock**
Son las dos en punto

09:00   It's nine **o'clock**
Son las nueve en punto

Para marcar las horas y media:
It's + half past + hora

11:30   It's **half past** eleven
Son las once y media

04:30   It's **half past** four
Son las cuatro y media

Para marcar los cuartos:
It's + a quarter + after / to + hora

08:15   It's **a quarter after** eight
Son las ocho y cuarto

02:45   It's **a quarter to** three
Son las tres menos cuarto

Al decir la hora de esta manera, usaremos «am» (/ei em/) desde las 12 de la noche hasta las 12 del mediodía y «pm» (/pi em/) desde las 12 del mediodía hasta las 12 de la noche, para evitar ambigüedades.

It's twenty-five to five **am**
Son las 5 menos 25 de la mañana

It's twenty-five to five **pm**
Son las 5 menos 25 de la tarde

En algunos países de lengua inglesa se utiliza «past» en lugar de «after»:

07:20   It's twenty **past** seven
Son las siete y veinte

Pero las horas también pueden decirse como aparecen en relojes digitales, o sea, diciendo la hora y luego los minutos, sin que aparezca nada entre ambos.

02:15   It's two fifteen
Son las dos quince.

06:55   It's six fifty-five
Son las seis cincuenta y cinco.

09:30   It's nine thirty
Son las nueve treinta.

Cuando queramos expresar exactitud en una hora, usaremos **«sharp»**:

The office opens at nine o'clock **sharp**.
La oficina abre exactamente a las nueve.

De esta manera podemos preguntar y decir la hora, así como la hora en que tiene lugar algún evento o acción. En este caso, aparece la preposición **«at»** *(a las)*.

What time is it? It's twenty-five to six.

¿Qué hora es? Son las seis menos veinticinco

What time is the concert?

It's **at** nine o'clock.

¿A qué hora es el concierto?

Es a las nueve en punto.

What time do you get up?

I get up **at** seven thirty.

¿A qué hora te levantas?

Me levanto a las siete y media.

The lesson is **at** a quarter after four.

La clase es a las cuatro y cuarto.

Ejercicios

1.- Marcar la hora en el reloj.

 a) It's a quarter to six.

 b) It's twenty after twelve.

 c) It's half past two.

 d) It's five to eleven.

 e) It's eight o'clock.

 f) It's seven fifteen

 g) It's ten forty

2.- Completa con la palabra correcta

h) 11:35. It's twenty-five _____ twelve.

i) 09:05. It's five____ nine.

j) 05:30. It's half _____ five.

EL PLURAL DE LOS SUSTANTIVOS

El plural de los nombres contables puede formarse de distintas maneras:

a) Como regla general, el plural del sustantivo se forma añadiendo una «**s**» al sustantivo en singular.

house – house**s**

casa - casas

car – car**s**

auto – autos

b) Los nombres acabados en **s, sh, ch, x** y **z**, forman el plural añadiendo «**es**»:

bus – bus**es**

autobús – autobuses

dish – dish**es**

plato – platos

match – match**es**

cerilla – cerillas

fox – fox**es**

zorro – zorros

buzz – buzz**es**

zumbido – zumbidos

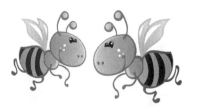

c) Los nombres que acaban en «**y**» forman el plural de la siguiente manera:

- Si la «**y**» va precedida de una consonante, se convierte en «**i**» y se añade «**es**»:

party – part**ies**

fiesta - fiestas

city – cit**ies**

ciudad – ciudades

- Si la «**y**» va precedida de una vocal, sólo se le añade «**s**»:

day – day**s**

día – días

boy – boy**s**

chico – chicos

d) Si el nombre acaba en «**f**» o «**fe**», en el plural estas letras cambian a «**ves**»:

leaf – lea**ves**

hoja – hojas

knife – kni**ves**

cuchillo – cuchillos

calf – cal**ves**

pantorrilla - pantorrillas

e) Cuando el nombre acaba en «**o**», la regla general es añadir «**es**» en plural:

hero – hero**es**

héroe – héroes

potato – potato**es**

patata – patatas

Pero algunas palabras no siguen esta norma:

photo – photo**s**

foto – fotos

piano – piano**s**

piano - pianos

f) Hay otros sustantivos que forman el plural de manera irregular:

man – **men**

hombre – hombres

woman – **women**

mujer – mujeres

child – **children**

niño – niños

foot – **feet**

pie – pies

tooth – **teeth**

diente – dientes

mouse – **mice**

ratón – ratones

sheep – **sheep**

oveja – ovejas

fish – **fish**

pez – peces (pescado – pescados)

Hay que prestar atención a la palabra «**people**». Aunque a veces pueda significar «gente», que es un sustantivo incontable en español, en inglés es el plural de «**person**» y, por lo tanto, contable.

a person

una persona

two **people** / two persons

dos personas

g) Algunos sustantivos solo tienen forma plural y, para singularizarlos, se usa la expresión «**a pair of**» delante de ellos.

scissors

tijeras

a pair of scissors

una tijera

jeans

pantalones tejanos

a pair of jeans

un pantalón tejano

VOCABULARIO:
SALUDOS II – *Greetings*

En las unidades 1 y 2 aparecen distintas fórmulas de saludos y despedidas, que ampliamos con las siguientes.

Al saludarse:

How is it going?
¿Cómo va todo?, ¿Qué tal?

Are you all right?
¿Todo bien?

What's new (with you)?
¿Qué hay de nuevo?

It's nice to see you again
Me alegro de verte otra vez

Y podemos responder:

(I'm doing) well, thanks.
Bien, gracias.

(It's going) ok, thank you.
Bien, gracias.

Not too bad.
No estoy mal

Great! Thank you.
¡Fenomenal! Gracias.

Para despedirse, se pueden utilizar:

Have a nice day!
¡Que tengas un buen día!

Have a nice weekend!
¡Que pases un buen fin de semana!

Till next time!
¡Hasta la próxima!

Ejercicios

1.- ¿Cuál es el plural de los siguientes sustantivos?

a) beach _____

b) foot _____

c) dress _____

d) girl _____

e) box _____

f) knife _____

2.- ¿Cómo desea un buen día a modo de despedida?

_____

3.- Ordenar las siguientes palabras para formar dos frases de un diálogo.

g) going how it is ?

_____

h) you fine thank

_____

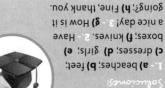

54

LA FORMA IMPERSONAL «HAY»

La expresión impersonal **«hay»** equivale a las formas **«there is»** y **«there are»**.

- **«There is»** se utiliza con **nombres incontables o nombres contables en singular** y se puede contraer en **«there's»**:

There's some milk in the glass
Hay leche en el vaso.

There is a church on Galven Street
Hay una iglesia en la calle Galven.

- **«There are»** se usa con **nombres contables en plural** y no se puede contraer:

There are two shops near my house
Hay dos tiendas cerca de mi casa.

- En negaciones se usan
«there isn't (there is not)» y
«there aren't (there are not)»:

There isn't a bank there
No hay un banco allí

There aren't three hotels in the city
No hay tres hoteles en la ciudad.

- Para realizar preguntas
se invierte el orden:
Is there...?, Are there ...?

Is there a post
office near here?
*¿Hay una oficina
de correos
cerca de aquí?*

Are there
any music stores?
*¿Hay tiendas
de música?*

- Las preguntas anteriores se
pueden responder afirmativa
y negativamente, de forma corta:

Is there a post office near here?
Yes, there is.
¿Hay una oficina de correos
cerca de aquí? Sí, la hay.

Are there any music stores?
No, there aren't.
¿Hay tiendas de música? No, no hay.

- Cuando se solicita alguna cosa, se suele acompañar de «**please**» (*por favor*).

Ex: Show me your card, **please**
Muéstreme su tarjeta, por favor.

- Si no se entiende algo que nos dicen, podemos utilizar «**Excuse me?**» (*¿Cómo?*), «**Pardon?**» (*¿Perdón?*), o simplemente, «**What?**» (*¿Qué?*) y así pedimos que nos lo repitan.

- Para pedir disculpas por algo: «**Sorry**» o «**I'm sorry**» (*Lo siento / perdón / disculpe*).

Para referirse a la frecuencia en un período de tiempo determinado, se usan las expresiones anteriores, acompañadas del artículo «a» y el período de tiempo.

EXPRESIONES DE FRECUENCIA

En la unidad 13 se tratan los adverbios de frecuencia, pero otra forma de expresar la cantidad de veces que tiene lugar una acción es usando:

once / *una vez*

twice / *dos veces*

three times / *tres veces*

A partir de «three times», siempre se usa el número y la palabra «times» *(veces)*.

once / *una vez*

twice / *dos veces*

five times / *cinco veces*

a
al / a la

day / *día*

week / *la semana*

month / *mes*

year... / *año...*

He washes his teeth **three times a day**
Él se lava los dientes tres veces al día.

I go to the gym **twice a week**
Voy al gimnasio dos veces a la semana.

Ejercicios

1.- Completar las frases con «there is» o «there are» de forma afirmativa (+), negativa (-) o interrogativa (?).

a) _____ a bank in this village?

b) _____ any people. (-)

c) _____ a table in the kitchen. (+)

d) _____ any books on the shelf?

e) _____ any water. (-)

f) _____ three pictures on the wall (+)

2.- ¿Cómo se dice en inglés...?

g) Una vez al año

_____

h) Cinco veces a la semana

_____

i) Dos veces al día

_____

3.- ¿Qué tres formas conocemos para pedir que nos repitan una información?

_____

_____

_____

unidad 19

EL PRONOMBRE INTERROGATIVO «WHICH»

«**Which**» es un pronombre interrogativo con un significado similar a «**what**», es decir, equivale a «*qué*» o «*cuál, cuáles*», pero difieren en que «**what**» se usa en la pregunta cuando existen muchas posibles respuestas, mientras que «**which**» se utiliza cuando el número de respuestas está bastante limitado.

What's your name?
¿Cuál es tu nombre?
(Hay muchas posibles respuestas)

Which is your name,
Sarah or Sandra?
¿Cuál es tu nombre,
Sarah o Sandra?

Which is your bedroom?
¿Cuál es tu dormitorio? (Sólo hay dos).

Soluciones:

1.- a) Is there; **b)** There aren't; **c)** There is; **d)** Are there; **e)** There isn't; **f)** There are. **2.- g)** Once a year; **h)** Five times a week; **i)** Twice a day **3.-** Excuse me?; Pardon?; What?

57

Estas expresiones se utilizan para describir la localización de un objeto.

Entre ellas están:

The glass is **beside** the bottle
El vaso está al lado de la botella.

The dog is **behind** the door
El perro está detrás de la puerta.

near	*cerca de*
far (from)	*lejos (de)*
next to	*junto a*
beside	*al lado de*
behind	*detrás de*
in front of	*delante de*
between	*entre (dos)*
among	*entre (más de dos)*
across from	*enfrente de*
under	*debajo de*
above, over	*(por) encima de*

Peter's car is **in front of** his house
El auto de Peter está delante de su casa.

The bedroom is **between** the kitchen and the bathroom.
El dormitorio está entre la cocina y el cuarto de baño.

Dorothy is **among** those people
Dorothy está entre esas personas.

Her house is **near** the school
Su casa está cerca de la escuela.

I live **far from** you
Yo vivo lejos de ti.

The shop is **next to** the bank
La tienda está junto al banco.

There's a gym **across from** the supermarket
Hay un gimnasio en frente del supermercado.

The ball is **under** the table
La pelota está debajo de la mesa.

There's a plane **over** the city
Hay un avión sobre la ciudad.

VOCABULARIO:
LA CASA – *The house*

house	*casa*
home	*casa, hogar*
apartment	*apartamento, piso*
apartment house	*bloque de pisos*

Rooms	*Habitaciones*
living-room	*sala de estar*
dining-room	*comedor*
bedroom	*dormitorio*
kitchen	*cocina*
study	*despacho*
bathroom	*cuarto de baño*
laundry room	*lavadero*
hallway	*pasillo*

He lives in an **apartment house**.
His **apartment** is big. It has four **bedrooms**,
two **bathrooms**, a **living-room**,
a **dining-room**, a huge **kitchen**,
a **laundry room** and a very long **hallway**.

*Él vive en un bloque de pisos. Su piso
es grande. Tiene cuatro dormitorios,
dos cuartos de baño, un salón, un
comedor, una cocina enorme,
un lavadero y un pasillo muy largo.*

Ejercicios

1.- Rellenar los espacios con «what» o «which».

a) _____ restaurant do you prefer?

b) _____ restaurant do you prefer, Pepe's or Arena?

c) _____ sport do you play?

2.- Elegir la preposición adecuada.

d) London is _____ San Francisco.
(near, far from, next to)

e) The dining-room is _____ the kitchen.
(across from, between, among)

f) Is there a bridge _____ the river?
(under, behind, over)

g) Susan is _____ John and George.
(among, between, above)

h) The wall is _____ the picture.
(in front of, far from, behind)

3.- ¿En qué habitación podemos tomar una ducha?
In the _____

4.- ¿En qué habitación cocinamos?
In the _____

NOMBRES CONTABLES E INCONTABLES

- Los nombres contables son aquellos que se pueden contar (pueden llevar delante un número) y, por lo tanto, tienen plural.

a **book**	*un libro*
six **houses**	*seis casas*
four **flowers**	*cuatro flores*
three **oranges**	*tres naranjas*
two **cities**	*dos ciudades*
eleven **people**	*once personas*

- Los nombres incontables son aquellos que no se pueden contar, por lo que no tienen forma plural. Entre ellos están los nombres de líquidos, gases, materiales y sustancias en general, nombres abstractos, cualidades, etc.

rice	*arroz*
water	*agua*
air	*aire*
bread	*pan*
sugar	*azúcar*
money	*dinero*
love	*amor*
oil	*aceite, petróleo*

Los nombres incontables hacen conjugar al verbo en 3ª persona de singular (como *he, she* o *it*):

Olive oil **is** expensive but healthy.
El aceite de oliva es caro pero saludable.

There **is** some sugar on the table
Hay azúcar en la mesa.

Algunos se pueden contabilizar por medio de otras expresiones:

water – **two glasses of** water
agua – dos vasos de agua

shampoo – **a bottle of** shampoo
champú – una botella de champú

USO DE «SOME» Y «ANY»

«**Some**» y «**any**» son adverbios que nos indican la cantidad de alguna cosa.

SOME se utiliza en frases afirmativas.

- Con nombres incontables indica «*algo*»:

There is **some** water in the glass
Hay (algo de) agua en el vaso.

- Delante de nombres contables equivale a «*algunos/as*»:

There are **some** eggs in the fridge
Hay (algunos) huevos en la nevera.

ANY se usa en frases negativas y preguntas.

- En frases negativas:

- Delante de nombres incontables equivale a «*nada*»:

There isn't **any** sugar for the cake
No hay (nada de) azúcar para el pastel

- Ante sustantivos contables significa «*ningún/a*»:

There aren't **any** pencils in the shop
No hay lápices (ningún lápiz) en la tienda.

Hay que tener en cuenta que, aunque en español no aparezcan, en inglés sí que hay que usar **some** o **any** en los casos citados.

- En preguntas:

- Delante de nombres incontables equivale a «*algo*»:

Is there **any** money in that piggy bank?
¿Hay (algo de) dinero en esa hucha?

- Ante sustantivos contables significa «*algunos/as*»:

Are there **any** pictures on the walls?
¿Hay (algunos) cuadros en las paredes?

Particularidades:

«Some» también puede aparecer en preguntas, pero únicamente cuando se pide o se ofrece algo y se espera una respuesta afirmativa:

Can I have **some** salt for the steak, please?
¿Me puede dar sal para el filete, por favor?

Would you like **some** wine?
¿Quiere vino?

«Any» también puede ser usado en oraciones afirmativas, pero en este caso, equivale a «*cualquier/a*».

Any person can speak English.
Cualquier persona puede hablar inglés.

Ejercicios

1.- Completar los espacios con «some» o «any».

a) There are _____ letters for you.

b) Is there _____ milk in the bottle?

c) I live near _____ shops.

d) She doesn't have _____ potatoes.

e) Are there _____ books on the shelf?

f) I speak _____ languages.

2.- ¿Son estos nombres contables o incontables?

g) bedroom _____

h) air _____

i) problem _____

j) beer _____

AUSENCIA DE ARTÍCULO

En español, el artículo determinado es más frecuente que en inglés. Aprendamos los casos en los que en inglés no se utiliza el artículo, aunque sí aparezca en español.

No se utiliza artículo:

- Al referirnos a un nombre de manera general:

Money is important / *El dinero es importante.*

Cats are nice animals
Los gatos son animales bonitos.

- Con los días de la semana y las estaciones del año:

The classes are **on Mondays**
Las clases son los lunes.

It usually snows **in winter**
Normalmente nieva en (el) invierno.

Soluciones:

1.- a) some; **b)** any;
c) some; **d)** any; **e)** any;
f) some. **2.- g)** contable;
h) incontable; **i)** contable; **j)** incontable.

62

- Con la hora:

It's seven o'clock / *Son las siete en punto.*

The match is **at 05:30** / *El partido es a las 05:30.*

- Cuando el verbo «to play» significa «*jugar*» no se usa «the» junto al juego o deporte, pero si significa «*tocar*» *(música)*, el artículo sí aparece junto al instrumento:

I never **play baseball**
Nunca juego al béisbol

He **plays the guitar** in a band
Él toca la guitarra en una banda

- Con asignaturas o materias académicas:

I like **geography**
Me gusta la geografía.

- En algunas expresiones:

watch television:

ver la televisión

have breakfast:

desayunar (tomar el desayuno)

have lunch:

almorzar (tomar el almuerzo)

have dinner:

cenar (tomar la cena)

They never **watch television**
Ellos nunca ven la televisión.

She always **has breakfast** at 8
Ella siempre desayuna a las 8.

- Ante una persona con título o tratamiento:

Mr. Smith *(el Sr. Smith)*

President Sánchez
(el presidente Sánchez)

Mrs. Martin is tall and pretty
La Sra. Martin es alta y bonita

carpet	*alfombra*
cushion	*cojín*
bookcase	*librería, estantería*
fireplace	*chimenea*
picture	*cuadro*
vase	*jarrón*
lamp	*lámpara*
table	*mesa*
chair	*silla*
armchair	*sillón*
couch	*sofá*
drapes	*cortinas*
television (set)	*televisor*
radiator	*radiador*
furniture	*muebles*
door	*puerta*
window	*ventana*
ceiling	*techo*
wall	*pared*
floor	*suelo*

There are two **bedrooms** in this house
Hay dos dormitorios en esta casa.

There is a **picture** near the **fireplace**
Hay un cuadro cerca de la chimenea.

Is there a **radiator** behind the **drapes**?
¿Hay un radiador detrás de las cortinas?

Carpets are warm in winter
Las alfombras son cálidas en invierno.

What does «**cushion**» mean?
¿Qué significa «cushion»?

PREGUNTAR POR SIGNIFICADOS

Para preguntar por el significado
de una palabra usamos el verbo
«**to mean**» *(significar)*.

- What does «clothes» **mean**?
  ¿Qué significa «clothes»?

- «Clothes» **means** «ropa»
  «Clothes» significa «ropa».

Aunque también podemos
usar la siguiente pregunta:

What's the meaning of «clothes»?
¿Cuál es el significado de «clothes»?

Ejercicios

1.- Usar «the», «a/an» o dejar el espacio en blanco.

a) I don't like _____ chocolate.

b) She lives in _____ apartment house.

c) _____ Spanish people are friendly.

d) They never play _____ soccer.

e) _____ classical music is relaxing.

2.- Rellenar los espacios con las palabras correspondientes.

f) What _____ «armchair» _____ ?

It means «sillón».

3.- Completar los espacios con letras para formar palabras relacionadas con la sala de estar.

g) C _ U _ H

h) _ I _ E _ L _ C _

i) C _ R _ E _

j) _ O _ K _ A _ E

Soluciones:
1.- a) -; **b)** -; **c)** -; **d)** -;
e) -. **2.- f)** What does
«armchair» mean? It
means «sillón».
3.- g) COUCH; **h)** FIREPLACE;
i) CARPET; **j)** BOOKCASE

VERBOS MODALES

Los verbos modales son una categoría de verbos que tienen unas características peculiares.

Así:

a) Todos ellos son auxiliares, por lo que no necesitan de otro auxiliar para negaciones ni preguntas.

b) Tienen una forma invariable para todas las personas, es decir, los que se usan en presente, no añaden una «s» para la 3ª persona en singular.

c) Acompañan a infinitivos de otros verbos, pero no admiten la partícula «to» ni delante ni detrás de ellos.

d) Se usan para expresar posibilidad, necesidad, obligación, permiso, etc.

Los verbos modales son:

can

could

may

might

shall

should

will

would

must

I **can** play tennis
Yo puedo / sé jugar al tenis.

She **can** close the door
Ella puede cerrar la puerta.

They **can** speak English
Ellos pueden / saben hablar inglés.

En diferentes unidades se mostrarán en detalle los usos de estos verbos modales. En ésta trataremos el verbo «can».

EL VERBO «CAN»

El verbo «**can**» (*poder*) es un verbo modal que usamos para expresar posibilidad o habilidad para hacer algo (por lo que también equivale a «*saber*»).
«**Can**» se utiliza delante de un infinitivo (sin «to») y tiene una forma invariable para todas las personas, es decir, en presente, no añade «-s» en tercera persona.

La forma negativa de «can» es «can not», «cannot», o, la más usada, «**can't**».

He **can't** come to my house
Él no puede venir a mi casa

We **can't** drive
No podemos / sabemos conducir

Al tratarse de un verbo auxiliar, en preguntas invierte el orden con el sujeto.

Can you buy the newspaper?
¿Puedes comprar el periódico?

What **can** we do? / *¿Qué podemos hacer?*

Where **can** you get the tickets?
¿Dónde podéis conseguir las entradas?

Si la pregunta empieza con «can», la respuesta puede ser corta.

Can you swim? **Yes, I can**
¿Sabes nadar? Sí.

Can he send an email? **No, he can't**
¿Puede él mandar un correo electrónico? No.

«**Can**» también se utiliza para pedir y dar permiso.

Can I open the window?
¿Puedo abrir la ventana?

You **can** drive my car
Puedes conducir mi auto

VOCABULARIO:
EN EL COMEDOR - *In the dining-room*

tablecloth	*mantel*
dish, plate	*plato*
spoon	*cuchara*
fork	*tenedor*
knife	*cuchillo*
glass	*vaso*
cup	*copa, taza*
napkin	*servilleta*
jug	*jarra*
tray	*bandeja*
coffeepot	*cafetera*
teapot	*tetera*
tea spoon	*cucharilla*
saucer	*platillo*
sugar bowl	*azucarero*
salt shaker	*salero*
bottle opener	*abrebotellas*
corkscrew	*sacacorchos*

PEDIR QUE SE REPITA UNA INFORMACIÓN

Para pedir informalmente que alguien nos repita algo, hacemos uso de los verbos «can» y «to repeat».

Can you repeat that, please?
¿Puedes repetir eso, por favor?

Can you repeat your name, please?
¿Puedes repetir tu nombre, por favor?

Ejercicios

1.- Corregir los errores, si es necesario.

a) My mother cans cook very well.

_____

b) He can't uses the computer.

_____

c) Can you pass me the salt, please?

_____

d) They can't to open the bottle.

_____

e) Can Olga to buy a tablecloth?

_____

2.- ¿Qué pregunta se hace para pedir que nos repitan algo?

_____

_____

3.- ¿Qué utensilio se usa para...?

f) cortar pan _____

g) limpiarse en la mesa _____

h) contener azúcar_____

i) servir el café_____

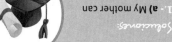

unidad 23

contenido

1 CUANTIFICADORES: MUCH, MANY, A LOT OF, (A) LITTLE, (A) FEW
2 PREGUNTAR POR CANTIDADES: «HOW MUCH» Y «HOW MANY»
3 COMIDA Y BEBIDA – *Food and drink*
4 EJERCICIOS

CUANTIFICADORES: MUCH, MANY, A LOT OF, (A) LITTLE, (A) FEW

a) Para expresar gran cantidad de alguna cosa se usan los adverbios «**much**», «**many**» y «**a lot of**».

much + nombre incontable
mucho/a

many + nombre contable
muchos/as

a lot of + nombre contable o incontable
mucho/a/os/as

«**A lot of**» se utiliza en <u>frases afirmativas</u>, mientras que «**much**» y «**many**» se usan en <u>frases negativas y preguntas</u>. [«Many» puede aparecer en algunas frases afirmativas].

I have **a lot of** books
Tengo muchos libros

She doesn't have **much** money
Ella no tiene mucho dinero.

Are there **many** pupils in the classroom?
¿Hay muchos alumnos en la clase?

b) Para expresar poca o pequeña cantidad de alguna cosa, se usan «**little**» y «**few**».

little + nombre incontable
poco/a

few + nombre contable
pocos/as

Tanto «**little**» como «**few**» se pueden usar en <u>frases afirmativas, negativas e interrogativas.</u>

There is **little** sugar for the cake
Hay poco azúcar para el pastel

Are there **few** hamburgers?
¿Hay pocas hamburguesas?

En estos ejemplos, la cantidad (de azúcar o de hamburguesas) es pequeña y, además, insuficiente. Para expresar que una cantidad es pequeña pero suficiente, se hace uso de «**a little**» *(un/a poco/a)* y «**a few**» *(unos/as pocos/as).*

There is **a little** sugar for the cake
Hay un poco de azúcar para el pastel.

Are there **a few** hamburgers?
¿Hay unas pocas hamburguesas?

Otros ejemplos:

I have **little** money
Tengo poco dinero

VS

I have **a little** money
Tengo un poco de dinero

She has **few** dollars
Ella tiene pocos dólares

VS

She has **a few** dollars
Ella tiene unos pocos dólares

Para preguntar por cantidades se utilizan:

«**How much?**» / *(¿Cuánto/a?)*,
si se trata de un **nombre incontable**.

«**How many?**» / *(¿Cuántos/as?)*,
si se trata de un **nombre contable**.

Estas expresiones suelen ir seguidas de dichos nombres y del resto de la frase.

How much <u>milk</u> is there in the fridge?
There is little milk.
¿Cuánta leche hay en la nevera?
Hay poca leche.

How many <u>cakes</u> are there on the table?
There are a lot of cakes.
¿Cuántos pasteles hay en la mesa?
Hay muchos pasteles.

«**How much?**» se utiliza también para preguntar precios. Para ello se suele usar con el verbo «**to be**», que en este caso equivale a «*costar*».

How much <u>is</u> the beer?
¿Cuánto cuesta la cerveza?

How much <u>are</u> the apples?
¿Cuánto cuestan las manzanas?

VOCABULARIO:
COMIDA Y BEBIDA - *Food and drink*

food:	*comida*
vegetables:	*verduras*
fruit:	*fruta*
meat:	*carne*
fish:	*pescado*
cake:	*pastel*
bread:	*pan*
pasta:	*pasta*
egg:	*huevo*
ice cream:	*helado*
hot dog:	*perrito caliente*
hamburger:	*hamburguesa*

drinks:	*bebidas*
beer:	*cerveza*
wine:	*vino*
coffee:	*café*
juice:	*zumo*
lemonade:	*limonada*
tea:	*té*
milk:	*leche*
milk shake:	*batido*
water:	*agua*
soft drink:	*refresco*
coke:	*cola (refresco)*

Ejercicios

1.- Completar con «much», «many»o «a lot of».

a) How _____ teachers do you have?

b) Are there _____ statues in the museum?

c) There are 10 litres of juice. That's _____ juice for you.

d) There isn't _____ coffee in the kitchen.

2.- Usar «little» o «few».

e) My friends have three children and _____ time to relax.

f) Only _____ people can answer that question.

g) We need a _____ bread for the sandwich.

h) There is a _____ water in the glass.

3.- Preguntar el precio de:

i) that picture _____

j) the hot dogs _____

70

EL GERUNDIO

El gerundio tiene distintas funciones en inglés. Una de ellas es que forma parte de los tiempos continuos. Equivale en español a las formas acabadas en «-ando» e «-iendo» (saltando, corriendo, etc.). Como regla general, se forma añadiendo «-ing» al infinitivo del verbo, aunque a veces se producen ligeros cambios, que se tratan a continuación.

a) La regla general es «infinitivo + ing»:

learn + ing = learning
(aprender – aprendiendo)

b) Si el infinitivo acaba en «e» muda, ésta desaparece al añadir «ing»:

come + ing = coming
(venir – viniendo)

c) Si el infinitivo acaba en «e» sonora, ésta no desaparece:

see + ing = seeing
(ver – viendo)

d) Si el infinitivo acaba en «ie», estas vocales cambian a «y» antes de agregar «ing»:

lie + ing = lying
(mentir – mintiendo)

e) Si el infinitivo acaba en «y», ésta permanece y se añade «ing»:

study + ing = studying
(estudiar - estudiando)

f) Si el infinitivo acaba en la sucesión «consonante-vocal-consonante» y la última sílaba del mismo es la acentuada, la última consonante se duplica antes de añadir «ing»:

cut + ing = cutting
(cortar – cortando)

USOS DEL GERUNDIO

El gerundio se utiliza:

a) Para formar los tiempos continuos de los verbos (que se tratan en posteriores unidades).

I am **learning** English
Estoy aprendiendo inglés.

Is she **sleeping**?
¿Está ella durmiendo?

b) Cuando el sujeto de una frase es un verbo.

Studying languages is interesting.
Estudiar idomas es interesante.

Driving fast can be dangerous
Conducir rápido puede ser peligroso.

c) Cuando un verbo funciona como complemento del verbo «to be».

My objective is **passing** the test.
Mi objetivo es aprobar el examen.

Your problem is
speaking in public.
Tu problema es hablar en público.

d) Detrás de una serie de verbos, entre los que destacan«to like» *(gustar)*, «to love» *(encantar)*, «to prefer» *(preferir)*, «to hate» *(odiar)*, etc.

She likes **dancing**
A ella le gusta bailar.

My brother hates **getting up** early.
Mi hermano odia levantarse temprano.

e) Detrás de cualquier preposición (excepto «to», aunque hay unos pocos casos en los que se usa detrás de esta preposición).

I am thinking about **selling** my car
Estoy pensando en vender mi auto

Are you good at **playing** chess?
¿Eres bueno jugando al ajedrez?

Thank you for **coming**
Gracias por venir

Hay otras funciones del gerundio (modificador, adjetivo, etc.) que serán tratadas en diferentes unidades.

Ejercicios

1.- ¿Cuál es el gerundio de los siguientes verbos?

a) to have

b) to run

c) to be

d) to fly

e) to listen

2.- Completar los espacios con el gerundio de alguno de los verbos siguientes: listen, speak, do, live, travel, go.

f) William's parents are _____ in a small city, near the forest.

g) _____ exercise is good for your health.

h) Peter is interested in _____ to Japan.

i) My friends love _____ to classical music before _____ to bed.

j) She can't hear you because she's _____ on the telephone.

EL PRESENTE CONTINUO

El presente continuo expresa acciones del presente, pero con matices diferentes al presente simple.

Se forma con el **presente del verbo «to be»** y el **gerundio (infinitivo + ing)** del verbo principal que se trate.

a) Su forma afirmativa es:

[To clean: *limpiar*]

I **am cleaning**	yo estoy limpiando
you **are cleaning**	tú estás / usted está limpiando
he **is cleaning**	él está limpiando
she **is cleaning**	ella está limpiando
it **is cleaning**	está limpiando
we **are cleaning**	nosotros/as estamos limpiando
you **are cleaning**	vosotros/as estáis / ustedes están limpiando
they **are cleaning**	ellos/as están limpiando

73

I **am cleaning** the bathroom
Estoy limpiando el cuarto de baño

He **is living** in Washington
Él está viviendo en Washington

We **are listening** to the radio
Estamos escuchando la radio

b) Las oraciones negativas se forman negando el verbo «to be».

You **aren't studying** German
Vosotros no estáis estudiando alemán

The dog **isn't eating** now
El perro no está comiendo ahora

It **isn't raining** / *No está lloviendo*

c) Las preguntas se formulan invirtiendo el orden de «to be» y el sujeto.

Are you **watching** television?
¿Estás viendo la televisión?

Is Margaret **singing** a song?
¿Está Margaret cantando una canción?

What **are** they **doing?**
¿Qué están haciendo?

---

1) Para indicar una acción que está ocurriendo en el momento en que se habla.

I **am speaking** to you
Estoy hablando contigo

Is she **phoning** a friend now?
¿Está ella llamando a una amiga ahora?

They **aren't playing** basketball
Ellos no están jugando al baloncesto

2) Para referirse a una acción que transcurre en un momento cercano al actual, aunque no sea en el momento preciso de hablar.

He**'s reading** «War and Peace»
Él está leyendo «Guerra y Paz»

We**'re studying** English
Estamos estudiando inglés

3) El presente continuo también se utiliza para expresar futuro, pero este apartado se tratará más adelante.

EL VERBO «TO BE WEARING»

«**To be wearing**» equivale en español a «*llevar puesto*», por lo que es especialmente usado con vocabulario relativo a la ropa, que tratamos a continuación.

What **are** you **wearing**?
¿Qué llevas puesto?

I **am wearing** ....
Llevo puesto ....

VOCABULARIO: LA ROPA – *Clothes*

uniform:	*uniforme*	**coat:**	*abrigo*
hat:	*sombrero*	**raincoat:**	*impermeable*
cap:	*gorra*	**belt:**	*cinturón*
shirt:	*camisa*	**suit:**	*traje*
T-shirt:	*camiseta*	**tie:**	*corbata*
sweater:	*suéter*	**underwear:**	*ropa interior*
pants:	*pantalones*	**jacket:**	*chaqueta*
jeans:	*vaqueros*	**socks:**	*calcetines*
shorts:	*pantalones cortos*	**stockings:**	*medias*
blouse:	*blusa*	**shoes:**	*zapatos*
skirt:	*falda*	**sandals:**	*sandalias*
dress:	*vestido*	**boots:**	*botas*
		jogging suit:	*chándal*
		sneakers:	*zapatillas deportivas*
		pajamas:	*pijama*
		scarf:	*bufanda*
		gloves:	*guantes*
		bathing suit:	*bañador*

Is he wearing a blue **suit** and a **tie**?
¿Lleva él puesto un traje azul y una corbata?

I'm wearing **gloves** and a **scarf**. It's cold
Llevo guantes y una bufanda. Hace frío

Ejercicios

1.- Completa las frases con el presente continuo de los verbos: take, write, listen, drink, play.

a) Sarah and Greg _____ the piano.

b) _____ Tom _____ a novel?

c) They _____ not _____ to music.

d) I _____ my umbrella.

e) _____ you _____ wine?

2.- ¿Cómo se pregunta a alguien qué lleva puesto?

_____

_____

3.- Ordenar las letras para formar palabras relativas a la ropa.

f) R S I T K _____

g) C A T E K J _____

h) T R E W A S E _____

i) S N E J A _____

1 DIFERENCIAS ENTRE EL PRESENTE SIMPLE Y EL PRESENTE CONTINUO
2 ADVERBIOS DE TIEMPO PARA EL PRESENTE
3 EN LA COCINA – *In the kitchen*
4 EJERCICIOS

DIFERENCIAS ENTRE EL PRESENTE SIMPLE Y EL PRESENTE CONTINUO

La diferencia fundamental entre estos dos tiempos es que el presente simple se usa para expresar acciones habituales o rutinarias, mientras que el presente continuo se utiliza para expresar acciones que están ocurriendo en el momento en que se habla. Hay que tener cuidado porque en español estas acciones suelen expresarse también en presente simple. Por ello es muy importante el uso de adverbios de tiempo.

I go to the movies on Saturdays
Voy al cine los sábados.

I am going to the movies now
Voy al cine ahora. (Estoy yendo al cine).

Pero hay algunos verbos que no se usan normalmente en presente continuo. Estos verbos se llaman «de estado». Con ellos se expresan estados, emociones, actividades mentales, etc. Algunos ejemplos son:

Algunos de estos verbos pueden ser usados de manera continua, pero su significado varía:

I **am thinking** about you
Estoy pensando en ti.

They **are having** breakfast
Ellos están desayunando.

ADVERBIOS DE TIEMPO PARA EL PRESENTE

Estos adverbios son muy usados cuando expresamos acciones en presente, bien de forma simple o continua.

now	*ahora*
right now	*ahora mismo*
at the moment	*en este momento*
at present	*en este momento*
everyday	*todos los días*
currently	*actualmente*
today	*hoy*
tonight	*esta noche*

	week	*esta semana*
this	**month**	*este mes*
	year	*este año*

Verbos de los sentidos:
feel (*sentir*), **see** (*ver*), **hear** (*oír*), smell (*oler*), **taste** (*saborear*).

Verbos de emociones:
like (*gustar*), **love** (*encantar*), **hate** (*odiar*), wish (*desear*), **want** (*querer*), etc.

Verbos de actividad mental:
know (*saber*), **think** (*pensar, creer*), forget (*olvidar*), **remember** (*recordar*), etc.

Verbos de posesión:
have (*tener*), **belong** (*pertenecer*), possess (*poseer*), etc.

They **hear** strange noises at night
Ellos oyen ruidos extraños por la noche.

She **loves** New York
A ella le encanta Nueva York.

I **think** it is a good idea
Pienso que es una buena idea.

We **have** a bilingual dictionary
Tenemos un diccionario bilingüe.

Are you studying English **now**?

Estás estudiando inglés ahora?

They are working hard **this month**.

Ellos están trabajando duro este mes.

It's very cold **tonight**.

Hace mucho frío esta noche.

Vincent is living in
Madrid **at the moment**.

*Vincent está viviendo en
Madrid en este momento.*

She gets up at seven
o'clock **everyday**.

*Ella se levanta a las siete en
punto todos los días.*

1.- Usar los verbos en presente simple o continuo.

a) He _____ (wash) a saucepan right now.

b) I sometimes _____ (cook) in the oven.

c) _____ you _____ (have) a toaster?

d) She _____ (read) a recipe at the moment.

e) We _____ (like) this dishwasher.

f) _____ your father _____ (clean) the kitchen now?

2.- Completar las letras que faltan para formar palabras relativas a la cocina.

g) _ R _ E _ E _

h) _ I _ E _

i) C _ B _ N _ T

j) _ A _ S _ R _ L _

unidad 27

contenido

1 EXPRESAR AGRADO Y DESAGRADO
2 USO DE «MUCH», «MANY» Y «A LOT» AL FINAL DE LA FRASE
3 ASIGNATURAS ESCOLARES
 – *School subjects*
4 EJERCICIOS

EXPRESAR AGRADO Y DESAGRADO

Para expresar agrado o desagrado en inglés, podemos usar los verbos siguientes:

like	*gustar*
dislike	*no gustar (disgustar)*
enjoy	*disfrutar*
love	*encantar*
hate	*odiar*
prefer	*preferir*

Estos verbos pueden ir seguidos de un nombre (o pronombre) o de otro verbo.

Con un nombre:

I **like** <u>soccer</u> / *Me gusta el fútbol*

They **dislike** <u>Mexican food</u>
*A ellos no les gusta
la comida mexicana*

My mother **loves** <u>that music</u>
A mi madre le encanta esa música

Susan **hates** <u>mice</u>
Susan odia los ratones.

He **prefers** <u>an ice-cream</u>
Él prefiere un helado.

Cuando van seguidos de un verbo, éste último suele tener forma de gerundio (aunque en español suela traducirse por infinitivo).

Paul **likes** playing soccer
A Paul le gusta jugar al fútbol

We **don't like** skiing
No nos gusta esquiar

Peter's cousin **enjoys** swimming
El primo de Peter disfruta nadando

My sisters **love** dancing
A mis hermanas les encanta bailar

I **hate** getting up early in the morning
Odio levantarme temprano por la mañana

Pero cuando usamos la forma condicional de «like» (would like: *gustaría*), el verbo que le sigue ha de usarse en infinitivo (con «to»).

I **would like** to skate
Me gustaría patinar

She **would like** to sing
A ella le gustaría cantar

Los adverbios «**much**», «**many**» y «**a lot**» (ver unidad 23) pueden usarse también al final de las frases.

Is there any wine? Well, there is some, but not **much**
¿Hay vino? Bueno, hay algo, pero no mucho

How many people are there at the conference? Not **many**
¿Cuánta gente hay en la conferencia? No mucha

Do you like horror films? Yes, **a lot**
¿Te gustan las películas de terror? Sí, mucho

I like painting **very much**
Me gusta mucho pintar

Al igual que en éste último caso, cuando usemos un verbo y «**much**», «**many**» o «**a lot**» lo modifiquen, en español dichos adverbios acompañan al verbo, pero en inglés se usan al final.

She likes English **very much**

 NO

She likes very much English
*A ella le gusta **mucho** el inglés.*

VOCABULARIO:
ASIGNATURAS ESCOLARES
School subjects

science	*ciencias*
mathematics (maths)	*matemáticas*
languages	*idiomas*
history	*historia*
geography	*geografía*
biology	*biología*
literature	*literatura*
art	*arte*
chemistry	*química*
physics	*física*

physical education (PE)

educación física

My sister hates **chemistry**
Mi hermana odia la química

I like **literature** very much
Me gusta mucho la literatura

These pupils enjoy
studying **languages**
*Estos alumnos disfrutan
estudiando idiomas*

Ejercicios

1.- Ordenar las palabras para formar frases.

a) repairing I car dislike my.

_____

b) likes the Tom playing piano much very.

_____

c) Clare history studying enjoys.

_____

d) hate we physics.

_____

e) a they lot like mathematics.

_____

2.- Completar las letras para formar vocabulario relativo a las asignaturas.

f) _ I _ T _ R _

g) _ H _ S _ C _

h) _ E _ G _ A _ H _

i) _ H _ M _ S _ R _

j) _ I _ L _ G _

Soluciones:

1.- a) I dislike repairing my car; **b)** Tom likes playing the piano very much; **c)** Clare enjoys studying history; **d)** We hate physics; **e)** They like mathematics a lot.
2.- f) HISTORY; **g)** PHYSICS; **h)** GEOGRAPHY; **i)** CHEMISTRY; **j)** BIOLOGY.

81

PRONOMBRES PERSONALES OBJETO

En la Unidad 1 se trataron los pronombres personales sujeto, que son los que realizan la acción. En este caso nos ocupamos de los pronombres personales objeto, que son los que reciben la acción del verbo.

Pronombres sujeto (preceden al verbo)	Pronombres objeto (siguen al verbo)
I	**me** *(me, a mí)*
you	**you** *(te, a ti, le, a usted)*
he	**him** *(le, lo, se, a él)*
she	**her** *(le, la, se, a ella)*
it	**it** *(le, lo, se, a ello)*
we	**us** *(nos, a nosotros/as)*
you	**you** *(os, a vosotros/as, les, a ustedes)*
they	**them** *(les, se, a ellos/as)*

Los pronombres personales objeto se colocan:

a) Tras el verbo:

She is <u>helping</u> **me**

Ella me está ayudando

I <u>love</u> **you**

Te estoy amando

They are <u>showing</u> **him** a book

Ellos están mostrándole un libro (a él)

You are <u>teaching</u> **us** English

Tú nos estás enseñando inglés

b) Tras una preposición:

He's looking <u>at</u> **us**

Él está mirándonos

They are going to the movies <u>with</u> **her**

Ellos van al cine con ella

This present is <u>for</u> **them**

Este regalo es para ellos

VOCABULARIO:
EL ABECEDARIO – *The alphabet*

A	*(ei)*	**N**	*(en)*
B	*(bi)*	**O**	*(ou)*
C	*(si)*	**P**	*(pi)*
D	*(di)*	**Q**	*(kiu)*
E	*(i)*	**R**	*(ar)*
F	*(ef)*	**S**	*(es)*
G	*(lli)*	**T**	*(ti)*
H	*(eich)*	**U**	*(iu)*
I	*(ai)*	**V**	*(vi)*
J	*(llei)*	**W**	*(dábeliu)*
K	*(kei)*	**X**	*(eks)*
L	*(el)*	**Y**	*(uai)*
M	*(em)*	**Z**	*(zi)*

Para la pronunciación de la «g» (lli) y la «j» (llei), hemos de tener en cuenta que la «ll» suena como en Argentina o Uruguay.

La «z» tiene un sonido silbante, similar a un zumbido, que no existe en español.

DELETREO – *Spelling*

Cuando se quiera preguntar cómo se deletrea una palabra, podemos usar alguna de las siguientes expresiones:

Can you spell ....?
¿Puedes deletrear ....?

How do you spell ....?
¿Cómo deletreas ....?

Para responder a estas preguntas se deletrea la palabra, teniendo en cuenta que cuando aparecen dos letras iguales consecutivas, también se puede usar «double» (dábel) + nombre de la letra:

-**Can you spell the word «book»?**
- ¿Puedes deletrear la palabra «book»?

-B-**O-O**-K.
- B-O-O-K (bi – dábel ou – kei)
(bi – ou – ou – kei)

Ejercicios

1.- Sustituir las palabras subrayadas por pronombres objeto.

a) I am sitting on <u>a chair</u>.
I am sitting on _____

b) She isn't with <u>her grandfather</u> now.
She isn't with _____ now.

c) How do you spell <u>the word « room»</u>?
How do you spell _____?

d) Are you living with <u>your parents</u>?
Are you living with _____?

e) They are helping <u>you and your cousin</u>.
They are helping _____

f) Is it for <u>Peter and me</u>?
Is it for _____?

g) He is always looking at <u>Glenda</u>.
He is always looking at _____

h) Mary likes <u>Robert</u>. (I am Robert).
Mary likes _____

i) She is driving <u>her car</u>.
She is driving _____

2.- Ordenar las palabras para formar una frase.

j) you word can « science» the spell ?

_____

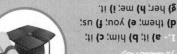

84

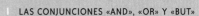
LAS CONJUNCIONES «AND», «OR» Y «BUT»

Estas conjunciones son las más utilizadas en inglés. Se les llama también «conectores» y sirven para unir elementos en la frase o frases enteras, pero sus funciones son muy diferentes.

«And»: y

Se utiliza para unir elementos o frases que tienen cierta relación.

Robert **and** Tom are my brothers
Robert y Tom son mis hermanos

I live in France **and** you live in Italy
Yo vivo en Francia y tú vives en Italia

He is tall **and** slim
Él es alto y delgado

«Or»: o

Se utiliza para presentar una alternativa.

Are you a doctor **or** a nurse?
¿Es usted doctora o enfermera?

She is Italian **or** French. I don't remember
Ella es italiana o francesa. No recuerdo

«But»: pero, sino

Se usa para expresar contraste.

She isn't very friendly **but** I like her
Ella no es muy simpática pero me gusta

I don't speak English **but** Spanish
Yo no hablo inglés sino español

EXPRESAR ACTIVIDADES FÍSICAS Y DEPORTES

Para expresar actividades físicas y deportes usamos diferentes verbos, dependiendo de la actividad.

De esta manera:

a) Si se practica con pelota, se usa el verbo **«to play»**:

play *(jugar al)*	**soccer** *fútbol*
	basketball *baloncesto*
	baseball *béisbol*
	tennis *tenis*

Does he **play basketball**
or **baseball**?
¿Él juega al baloncesto o al béisbol?

b) Si no se practica con pelota, se usa el verbo **«to go»** y la actividad en gerundio:

go *(ir a)*	**swimming** *nadar*
	skating *patinar*
	horse-riding *montar a caballo*
	cycling *montar en bicicleta*

My sister **goes swimming** once a week
*Mi hermana va a nadar
una vez a la semana*

c) Para otras actividades se utiliza **«to do»**:

do *(hacer, practicar)*	yoga *hacer yoga*
	pilates *hacer pilates*
	exercise *hacer ejercicio*
	judo, karate, etc *practicar judo, karate, etc*

I **do yoga** but John **does pilates**
Yo hago yoga pero John hace pilates

VOCABULARIO:
EN EL DORMITORIO
In the bedroom

bed	*cama*
night table	*mesita de noche*
sheet	*sábana*
blanket	*manta*
pillow	*almohada*
mattress	*colchón*
closet	*armario*
alarm clock	*despertador*
hanger	*percha*
drawer	*cajón*
chest of drawers	*cómoda*

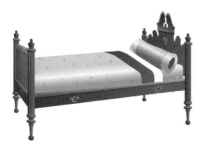

I need an **alarm clock**
on the **night table**
*Necesito un despertador
en la mesita de noche*

She doesn't keep her clothes in a
chest of drawers but in a **closet**
*Ella no guarda su ropa en
una cómoda, sino en un armario*

Ejercicios

1.- Completar las frases con «and», «or» o «but».

a) Do you prefer beer _____ wine?

b) I need some milk, butter _____ bread.

c) They study a lot _____ they never pass their exams.

d) The mattress is very comfortable _____ the pillow isn't.

e) The alarm clock is in the drawer _____ on the night table.

2.- Usar los verbos «to play», «to go» o «to do» en el tiempo (de presente) o forma correspondientes.

f) Paula _____ yoga at the moment.

g) They _____ cycling everyday.

h) Does your brother like _____ tennis or golf?

3.- ¿Qué objeto usamos para cubrirnos (taparnos) en la cama cuando hace frío?

_____

4.- ¿Qué objeto usamos para colgar ropa de él?

_____

Soluciones:
1.- a) or; **b)** and; **c)** but;
d) but; **e)** or. **2.- f)** is
doing; **g)** go; **h)** playing.
3.- blanket. **4.-** hanger.

86

USO DE «ALSO», «TOO» Y «AS WELL»

«Also», «too» y «as well» son tres formas de expresar «también» en inglés, pero su posición en la frase es diferente.

a) En frases afirmativas, «**also**» se coloca detrás del verbo, si éste es auxiliar (to be, can, etc.), o delante de él, si no es auxiliar. Si la frase es una pregunta, sólo cambia de orden el verbo auxiliar.

I <u>am</u> **also** American
También soy estadounidense.

<u>Is</u> he **also** a student?
¿Él también es estudiante?

We <u>can</u> **also** go swimming
También podemos ir a nadar.

They **also** <u>drive</u> to work
Ellos también van al trabajo en auto.

Do you **also** <u>have</u> an apartment in Manhattan?
¿También tienes un apartamento en Manhattan?

She makes her bed and she **also** <u>cleans</u> the bathroom.
Ella hace su cama y también limpia el cuarto de baño.

b) «**Too**» y «**as well**» se utilizan al final de la frase en cualquier caso. Son intercambiables.

They are Spanish, **too**
Ellos también son españoles

My mother goes to bed late, **as well**
Mi madre también se va tarde a la cama

We can send them an email, **too**
Podemos enviarles un correo electrónico, también

I play the violin and the piano, **as well**
Toco el violín y también el piano.

87

Cuando se quiera preguntar sobre el trabajo o la profesión de alguien, se pueden usar alguna de las siguientes expresiones:

What do you do?
¿A qué te dedicas?, ¿Qué haces?

What's your job?
¿Cuál es tu trabajo?

Los números de teléfono se expresan dígito por dígito en inglés. En caso de encontrar dos dígitos iguales consecutivos, se puede usar también la fórmula «double + número».

-What's your phone number?
- ¿Cuál es tu número de teléfono?

-My phone number is 766 129308.
- Mi número de teléfono es el 766 129308

Para responder a estas preguntas podemos usar el vocabulario que aparece en la Unidad 4.

What's your job? I am an **architect**
¿Cuál es tu trabajo? Soy arquitecto

What does she do? She is a **nurse**
¿A qué se dedica ella? Es enfermera

What do they do? They are **painters**
¿A qué se dedican ellos? Son pintores

Recuerda

Los números se expresan así:

766 129308
(seven-**six-six/double six**-
one-two-nine-three-zero-eight)

Ejercicios

1.- Completar las frases con «also» o «too», en los espacios que lo precisen.

a) She _____ is _____ studying English.

b) They can go _____ skating _____ .

c) I _____ like _____ fish.

d) We read _____ the newspaper _____ .

e) You _____ need _____ a closet for your bedroom.

f) Is _____ it _____ a calculator?

2.- Ordenar las palabras para formar frases.

g) does do she what ? _____

h) his what job is ? _____

3.- ¿Cómo se le pregunta a alguien por su trabajo sin usar la palabra «job»?

_____

4.- ¿Cómo le pedimos a alguien el número de teléfono de Betty?

_____

---

unidad 31

ADVERBIOS DE MODO

Muchos adverbios de modo se forman a partir de adjetivos, a los que se les añade la terminación «**-ly**», que suele equivaler a la terminación «*-mente*» en castellano, pero algunos sufren alguna alteración.

a) La regla general es añadir «**-ly**» al adjetivo:

slow (*lento*)
slow**ly** (*lentamente*)
quick (*rápido*)
quick**ly** (*rápidamente*)
quiet (*tranquilo*)
quiet**ly** (*tranquilamente*)
careful (*cuidadoso*)
careful**ly** (*cuidadosamente*)

The girl is sleeping **quietly**
La muchacha está durmiendo tranquilamente

b) Los adjetivos terminados en «-y» cambian la terminación por «-ily»

easy (fácil)

eas**ily** (fácilmente)

happy (feliz)

happ**ily** (felizmente)

I can learn these rules **easily**
Puedo aprender estas reglas fácilmente

c) Los adjetivos terminados en «-le» cambian la terminación por «-ly».

terrible (terrible)

terri**bly** (terriblemente)

gentle (suave)

gent**ly** (suavemente)

I am **terribly** sorry
Lo lamento mucho (terriblemente)

d) Los adjetivos terminados en «-ic» cambian la terminación por «-ically»

automatic (automático)

automat**ically** (automáticamente)

This machine works **automatically**
Esta máquina funciona automáticamente

Algunos adverbios de modo tienen la misma forma que los adjetivos:

adjetivos	adverbios
fast (rápido)	**fast** (rápidamente)
hard (duro)	**hard** (duramente)

It's a **hard** job. (adjetivo)
Es un trabajo duro

They work **hard**. (adverbio)
Ellos trabajan duramente

El adverbio de modo relativo al adjetivo «good» (buen, bueno) es «**well**» (bien).

He is a **good** painter. (adjetivo)
Él es un buen pintor

He paints **well**. (adverbio)
Él pinta bien

VOCABULARIO:
EN EL CUARTO DE BAÑO
In the bathroom

She <u>is eating</u> **quickly**

Ella está comiendo
deprisa (rápidamente)

They <u>speak</u> **perfectly**

Ellos hablan perfectamente

mirror	*espejo*
sink	*lavabo*
toilet	*inodoro*
bathtub	*bañera*
shower	*ducha*
stopper	*tapón*
faucet	*grifo*
soap	*jabón*
sponge	*esponja*
towel	*toalla*
toilet paper	*papel higiénico*
comb	*peine*
shampoo	*champú*
scale	*báscula*
toothbrush	*cepillo de dientes*
toothpaste	*pasta de dientes*
shaving cream	*espuma de afeitar*
razor	*maquinilla de afeitar*

They never turn off the **faucet** well

Ellos nunca cierran bien el grifo

Pero si el verbo lleva complemento,
el adverbio se coloca detrás de éste y
nunca entre el verbo y el complemento:

I use the **razor** carefully

Uso la maquinilla de
afeitar cuidadosamente

She is eating <u>the apple</u> **quickly**

Ella se está comiendo
la manzana deprisa

The **toilet** doesn't work properly

El inodoro no funciona correctamente

They speak <u>English</u> **perfectly**

Ellos hablan inglés perfectamente

There isn't any **toothpaste** in the tube

No hay pasta de dientes en el tubo

Ejercicios

1.- Formar el adverbio de modo a partir de los adjetivos:

a) simple _____

b) natural _____

c) fast _____

d) good _____

e) bad_____

2.- Corregir las frases siguientes en caso de que lo necesiten:

f) He is a terribly painter. His pictures are horrible. _____

g) Mary, can you give me a towel? Quick, please! _____

h) Melissa doesn't study very hard.

_____

3.- Ordenar las letras para formar palabras relativas al cuarto de baño.

i) O N S E G P _____

j) R I R M O R _____

unidad 32
contenido

1 LOS PRONOMBRES POSESIVOS
2 EN LA CLASE – *In the classroom*
3 EJERCICIOS

LOS PRONOMBRES POSESIVOS

Los pronombres posesivos se usan para sustituir al adjetivo posesivo y al nombre al que éste acompaña.

Adjetivos posesivos	Pronombres posesivos
my ▶	**mine**

(el/la) mío, mía, (los/las) míos, mías

your ▶	**yours**

(el/la) tuyo, tuya, (los/las) tuyos, tuyas

(el/la) suyo, suya,(los/las) suyos, suyas (de usted)

his ▶	**his**

(el/la) suyo, suya, (los/las) suyos, suyas (de él)

her ▶	**hers**

(el/la) suyo, suya, (los/las) suyos, suyas (de ella)

its ▶ **its**

(el/la) suyo, suya, (los/las) suyos, suyas (de ello)

our ▶ **ours**

(el/la) nuestro, nuestra, (los/las) nuestros, nuestras

your ▶ **yours**

(el/la) vuestro, vuestra, (los/las) vuestros, vuestras

(el/la) suyo, suya, (los/las) suyos, suyas (de ustedes)

their ▶ **theirs**

(el/la) suyo, suya, (los/las) suyos, suyas (de ellos/as)

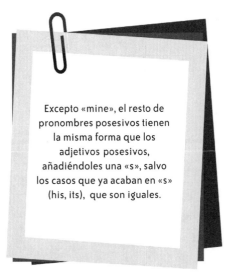

Excepto «mine», el resto de pronombres posesivos tienen la misma forma que los adjetivos posesivos, añadiéndoles una «s», salvo los casos que ya acaban en «s» (his, its), que son iguales.

Al tratarse de pronombres, sustituyen a los nombres (no los acompañan).

My car is black. **Mine** is black
Mi auto es negro. El mío es negro

It is her comb. It's **hers**
Es su peine (de ella). Es suyo

They are our pictures. They are **ours**
Son nuestros cuadros. Son nuestros

These are your shoes. These are **yours**
Éstos son sus zapatos (de ustedes)
Éstos son los suyos (de ustedes)

It's their computer. It's **theirs**
Es su computadora (de ellos). Es suya

My dictionary is cheap
but **his** is expensive
Mi diccionario es barato
pero el suyo (de él) es caro

She likes Linda's shoes,
but she doesn't like **ours**.
A ella le gustan los zapatos de Linda,
pero no le gustan los nuestros.

VOCABULARIO:
EN LA CLASE - *In the classroom*

pencil	*lápiz*
pen	*bolígrafo, pluma*
marker	*rotulador*
board	*pizarra*
eraser	*borrador*
chalk	*tiza*
paper	*papel*
folder	*carpeta*
notebook	*cuaderno*
workbook	*cuaderno de ejercicios*
ruler	*regla*
scissors	*tijeras*
stapler	*grapadora*
pencil sharpener	*sacapuntas*
pencil case	*estuche*
desk	*escritorio, pupitre*

Is this your **pen**? No, it isn't. Mine is red.
¿Es éste tu bolígrafo? No. El mío es rojo.

That **folder** isn't his. It's hers.
Esa carpeta no es suya (de él). Es de ella.

Look at that **pencil case**. Is it yours?
Mira ese estuche. ¿Es tuyo?

Our **rulers** are short but theirs are long.
Nuestras reglas son cortas pero las suyas (de ellos) son largas.

Ejercicios

1.- Usar adjetivos posesivos o pronombres posesivos, concordando con el sujeto cuando sea posible.

a) Sheila and John are visiting _____ friends now.

b) This is his telephone. It's _____

c) We are living in _____ new house.

d) That is her pencil. It's _____

e) You have my telephone number but I don't have _____

2.- Resolver como un crucigrama. Verticalmente se puede leer una palabra relacionada con la clase.

f) Se usa para escribir en un papel.
g) Se usa para escribir en una pizarra.
h) Se usa para unir folios.
i) Se usa para guardar o archivar papeles o documentos.
j) Se usa para medir o trazar líneas rectas.

```
f)  _ _ _ _
g)  _ _ | _ _ _
h)  _ _ _ | _ _ _ _
i)  _ _ _ _ | _ _
j)       _ | _ _ _ _ _
```

unidad 33

1 EL PRONOMBRE INTERROGATIVO «WHOSE?»
2 EL TIEMPO – *The weather*
3 PREGUNTAR Y RESPONDER ACERCA DEL TIEMPO
4 EJERCICIOS

EL PRONOMBRE INTERROGATIVO «WHOSE?»

El pronombre interrogativo **«whose?»** implica posesión y significa «*¿de quién?, ¿de quiénes?*»

Whose is this cell phone?
¿De quién es este teléfono móvil?

Whose are those cigarettes?
¿De quién son esos cigarrillos?

Las preguntas con «**whose**»se pueden realizar de diversas maneras. Así, tras dicho pronombre se puede encontrar el verbo «to be», o bien el nombre de aquello por cuyo poseedor se pregunta.

Whose is this <u>ring</u>? = **Whose** <u>ring</u> is this?
¿De quién es este anillo?

Whose are these <u>documents</u>? = **Whose** <u>documents</u> are these?
¿De quién son estos documentos?

Estas preguntas se pueden responder:

a) Con los pronombres posesivos.

Whose bedroom is that? It's **hers**
¿De quién es ese dormitorio? Es suyo (de ella).

Whose is this laptop? It's **mine**
¿De quién es esta computadora portátil? Es mía

b) Con el caso genitivo.Para ello, en la respuesta es posible no usa el objeto junto al poseedor:

Whose is this dog? It's **Tom's**
¿De quién es este perro? Es de Tom

Whose cards are those? They're **Sarah's**
¿De quién son estas tarjetas? Son de Sarah

VOCABULARIO:
EL TIEMPO – *The weather*

the weather	*el tiempo*
sun	*sol*
rain	*lluvia*
cloud	*nube*
wind	*viento*
fog	*niebla*
snow	*nieve*
weather forecast	*pronóstico meteorológico*

También hay adjetivos derivados de estos nombres. Se forman añadiendo una «-y» a dichos sustantivos.

sunny	*soleado*
rainy	*lluvioso*
cloudy	*nublado*
windy	*ventoso*
foggy	*con niebla*

It's windy / *Hace viento*

It's a rainy day / *Es un día lluvioso*

Adjetivos relativos a la temperatura:

hot	*caluroso*
warm	*cálido*
cool	*fresco*
cold	*frío*
wet	*húmedo*
dry	*seco*

Is it **hot**? / *¿Hace calor?*

Today it is **cold** / *Hoy hace frío.*

PREGUNTAR Y RESPONDER ACERCA DEL TIEMPO

Cuando se quiere preguntar por el tiempo se suele decir:

What's the weather like?
¿Cómo está el tiempo? ¿Qué tiempo hace?

Aunque también se puede usar:

How's the weather?
¿Cómo está el tiempo?

Para responder, se ha de tener en cuenta que el sujeto siempre es «it», al que le sigue el verbo «**to be**».

It's sunny	*Hace sol (está soleado)*
It's rainy	*Está lluvioso*
It's cloudy	*Está nublado*

Pero también podemos responder con un verbo:

To rain: *llover*

It is raining. / *Está lloviendo*

To snow: *nevar*

It is snowing. / *Está nevando*

What's the weather like today?
It's raining and very cold.

¿Qué tiempo hace hoy?
Está lloviendo y hace mucho frío.

Para preguntar y responder acerca de la temperatura:

What's the temperature?
Cuál es la temperatura?
32°(thirty-two degrees)
32° (treinta y dos grados)

Ejercicios

1.- Formular las preguntas para obtener las respuestas siguientes:

a) _____
These pencils are mine.

b) _____
That car is his.

2.- Completar las frases con las siguientes palabras: whose, are, this, pencil sharpener.

c) Whose dictionary is _____ ?

d) _____ are those lamps?

e) Whose _____ is that?

f) Whose shoes _____ these?

3.- ¿Cuál es la forma más frecuente de preguntar por el tiempo que hace?

_____

4.- Completar las frases con las palabras: dry, cloudy, hot, snowing.

g) It is a _____ day.

h) In the desert, the weather is _____ and _____

i) It is _____ and the streets are white.

97

unidad 34

1. EL IMPERATIVO
2. PREGUNTAR POR LUGARES O DIRECCIONES
3. INDICACIONES DE LUGARES
4. LOS MESES DEL AÑO – *The months of the year*
5. EJERCICIOS

EL IMPERATIVO

El imperativo es la estructura que usamos para dar órdenes o instrucciones. Se forma con el infinitivo del verbo, sin ningún pronombre delante.

Open the door!

¡Abre la puerta!

Shut up!

¡Cállate!

Sit down, please!

¡Siéntate, por favor!

Cuando se quiera dar una orden o instrucción negativa, hay que añadir **«don't»** delante del infinitivo:

Don't open the door!

¡No abras la puerta!

Don't do that!

¡No hagas eso!

Don't phone before six

No llame antes de las seis

PREGUNTAR POR LUGARES O DIRECCIONES

Para preguntar dónde se encuentra un lugar podemos decir:

Where is the post office?
¿Dónde está la oficina de correos?

Where's the bank?
¿Dónde está el banco?

Is there a school **near** here?
¿Hay una escuela cerca de aquí?

Is the shop **near** here?
¿Está la tienda cerca de aquí?

Is it **far from** here?
¿Está lejos de aquí?

Y si lo que queremos es preguntar cómo llegar a un lugar, la forma más habitual es:

How can I get to....?
¿Cómo puedo llegar a...?, ¿Cómo se va a ...?

How can I get to the city center?
¿Cómo puedo llegar al centro de la ciudad?

How can I get to the museum?
¿Cómo se va (puedo llegar) al museo?

INDICACIONES DE LUGARES

Cuando se indica cómo llegar a un lugar, se suelen utilizar las siguientes expresiones:

To **go along** the street

seguir la calle

To **go straight ahead / on**

seguir adelante / derecho

To **go across** the street

cruzar la calle

To **go / walk (up) to...**

ir hasta...

To **turn right / left**

doblar a la derecha / izquierda

To **take the second right / left**

tomar la segunda calle a la derecha / izquierda

Y se usan en imperativo:

Go straight ahead, **take** the second right, **go** across the street, **turn** left, **go** up to the square and there is the shoe shop.
Siga adelante, tome la segunda calle a la derecha, cruce la calle, doble a la izquierda, vaya hasta la plaza y allí está la zapatería.

VOCABULARIO:
LOS MESES DEL AÑO
The months of the year

January	*enero*
February	*febrero*
March	*marzo*
April	*abril*
May	*mayo*
June	*junio*
July	*julio*
August	*agosto*
September	*septiembre*
October	*octubre*
November	*noviembre*
December	*diciembre*

En inglés, los meses del año siempre se escriben con letra mayúscula.

Don't travel to Italy in **May**. Do it in **July**
No viajes a Italia en mayo. Hazlo en julio

My birthday is in **October**
Mi cumpleaños es en octubre

Ejercicios

1.- Escribir las siguientes frases en forma imperativa, siguiendo el ejemplo:
The window is closed. Mary can open it.
Open the window, Mary!

a) You aren't in bed but you can go there.

b) You never read a book but you can do it.

c) The music is playing. Peggy can dance.

2.- Convertir las frases resultantes anteriores en imperativos negativos.

d) _____

e) _____

f) _____

3.- ¿Con qué frase preguntamos cómo llegar a la escuela?

4.- ¿Cómo se le indica a alguien que gire a la izquierda y cruce la calle?

5.- ¿Qué meses del año …

g) ...empiezan por la letra «m»?

h) ...contienen la letra «e»?

unidad 35

Contenido

1. EL PASADO SIMPLE DEL VERBO «TO BE»
2. LAS ESTACIONES DEL AÑO – *The seasons*
3. ADVERBIOS DE TIEMPO PARA EL PASADO
4. EJERCICIOS

EL PASADO SIMPLE DEL VERBO «TO BE»

Se refiere a estados o situaciones que tuvieron lugar en el pasado y ya finalizaron.

Tiene dos formas: **«was»** y **«were»**, según el sujeto.

- De manera afirmativa es:

I	**was**	*yo era, estaba, fui, estuve*
you	**were**	*tú eras, estabas, fuiste, estuviste*
		usted era, estaba, fue, estuvo
he	**was**	*él era, estaba, fue, estuvo*
she	**was**	*ella era, estaba, fue, estuvo*
it	**was**	*(ello) era, estaba, fue, estuvo*
we	**were**	*nosotros/as éramos, estábamos, fuimos, estuvimos*
you	**were**	*vosotros/as érais, estábais, fuísteis, estuvísteis ustedes eran, estaban, fueron, estuvieron*
they	**were**	*ellos/as eran, estaban, fueron, estuvieron*

I was in Chicago in 2007
Estuve en Chicago en 2007

He was at the party
Él estuvo en la fiesta

They were ill last week
Ellos estuvieron enfermos la semana pasada.

- Para hacer frases negativas utilizaremos **«was not (wasn't)»** y **«were not (weren't)»**:

I **wasn't** there
Yo no estaba/estuve allá

You **weren't** happy / *Tú no eras feliz*

- Para preguntar colocamos **«was»** y **«were»** delante del sujeto:

Were you tired after the match?
¿Estaban ustedes cansados después del partido?

When **was** she a model?
¿Cuándo fue ella modelo?

- En respuestas cortas:

Was Linda a teacher?
¿Era Linda profesora?

Yes, she **was**	No, she **wasn't**
Sí, lo era.	*No, no lo era.*

Were they at work yesterday?
¿Estuvieron ellos en el trabajo ayer?

Yes, they **were**	No, they **weren't**
Sí	*No*

VOCABULARIO:
LAS ESTACIONES DEL AÑO
The seasons

Las estaciones del año son:

spring	*primavera*
summer	*verano*
fall	*otoño*
winter	*invierno*

En algunos países de lengua inglesa, *«otoño»* se dice **«autumn»**.

In **spring** it's warm and rainy
En primavera hace un tiempo cálido y lluvioso

It was very hot last **summer**
Hizo mucho calor el verano pasado

Last **fall** we were in the USA
El otoño pasado estuvimos en los EEUU

I can ski in **winter**
Puedo esquiar en invierno

ADVERBIOS DE TIEMPO PARA EL PASADO

Cuando se expresan acciones o estados en pasado, se suelen usar los siguientes adverbios:

before		antes	
yesterday		*ayer*	
yesterday	**morning**	*ayer por la*	*mañana*
	afternoon		*tarde*
	evening		*noche*
in the past		*en el pasado*	
last	**night**	*anoche*	
	week	*la semana pasada*	
	month	*el mes pasado*	
	summer	*el verano pasado*	
	year	*el año pasado*	
...ago		*hace...*	

I was in Madrid **last week**
Estuve en Madrid la semana pasada

They were here **five minutes ago**
*Ellos estaban aquí
hace cinco minutos*

He is at school now but
he was at home **before**
*Él está en la escuela ahora
pero estaba en casa antes*

Maggie and Peter weren't
there **yesterday morning**
*Maggie y Peter no estuvieron
allí ayer por la mañana*

Ejercicios

1.- Completar los espacios con el pasado del verbo «to be».

a) Where _____ you yesterday afternoon?

b) Susan _____ in Miami.

c) They_____ at school last week.

d) How_____ your grandmother?

e) _____ he a soccer player?

2.- Completar con adverbios de tiempo para el pasado.

f) I was at home _____ night.

g) Where were you two hours _____?

h) Laura wasn't at work _____morning.

3.- ¿Qué estaciones del año empiezan por la letra «s»?

_____

_____

4.- ¿Qué estaciones no acaban con la letra «r»?

_____

_____

EL VERBO «TO BE BORN»

El verbo «**to be born**» (*nacer*) se usa habitualmente en pasado. De esta manera, sus formas de pasado simple son «**was born**» y «**were born**», según el sujeto que los acompañe.

I **was born** in 1980
Nací en 1980

They **weren't born** in Brazil but in Chile
Ellos no nacieron en Brasil sino en Chile

Where **were** you **born**?
¿Dónde naciste?

My daughter **was born** in the morning
Mi hija nació por la mañana

Were they **born** in that hospital?
¿Ellos nacieron en ese hospital?

Hay que recordar que, en inglés, los miles y millones se marcan con comas, y no con puntos, como en español.

VOCABULARIO: LOS NÚMEROS (100 A 1.000.000.000)

100	*a / one hundred*
101	*one hundred one*
200	*two hundred*
248	*two hundred forty-eight*
300	*three hundred*
600	*six hundred*
785	*seven hundred eighty-five*
999	*nine hundred ninety-nine*
1,000	*a / one thousand*
1, 469	*one thousand four hundred sixty-nine*
2,000	*two thousand*
37,102	*thirty-seven thousand one hundred two*
512,928	*five hundred twelve thousand nine hundred twenty-eight*

1,000,000	*a / one million*
20,000,000	*twenty million*
345,000,000	*three hundred forty-five million*
1,000,000,000	*a / one billion*

Las palabras «**hundred**», «**thousand**» y «**million**» siempre aparecen en singular cuando acompañan a un número.

400	four **hundred**
5,000	five **thousand**
8,000,000	eight **million**

We have 37,893 (thirty seven **thousand** eight **hundred** ninety-three) dollars in the bank.

Tenemos 37.893 dólares en el banco.

There are 256,000 (two **hundred** fifty-six **thousand**) inhabitants in this city.

Hay 256.000 habitantes en esta ciudad.

A partir del año 2000 los años se suelen expresar así:

2000 **two thousand**
2007 **two thousand (and) seven**

Aunque también se puede decir:

2008 (20 08) **twenty oh eight**
2015 (20 15) **twenty fifteen**

En estos casos, el año se divide en dos cifras (los primeros dos dígitos y los dos últimos) y se leen como números cardinales, que es lo que ocurre al expresar años de siglos anteriores:

1966	(19 66) **nineteen sixty-six**
1871	(18 71) **eighteen seventy-one**
1603	(16 03) **sixteen oh three**

Pero pueden aparecer en plural cuando no tienen un numeral delante:

There are **hundreds** of euros on the counter.
Hay cientos de euros en el mostrador.

Thousands of people are demonstrating against the war.
Miles de personas se están manifestando contra la guerra.

Si las dos últimas cifras del año son dos ceros, usamos la palabra «hundred».

1700: seventeen **hundred**
1900: nineteen **hundred**

My mother was born in **1958**
(nineteen fifty-eight)
Mi madre nació en 1958

Columbus reached America in **1492**
(fourteen ninety-two)
Colón llegó a América en 1492

Ejercicios

1.- ¿Qué pregunta se formula para preguntar a alguien cuándo nació?

_____

2.- Completar con la forma correcta del verbo «to be born». Utilizar la forma afirmativa siempre que se pueda.

a) _____ he _____ in 1992?

b) I _____ in Spain but in France.

c) Her grandmother _____ in America.

d) Where _____ they _____?

e) You _____ in 1976 but in 1977.

3.- Escribir los siguientes números:

f) 32,847,901:

_____

_____

g) 12,266,034:

_____

_____

4.- Escribir los siguientes años:

h) 1703: _____

i) 1300: _____

Soluciones:

1.- When were you born? **2.- a)** Was ... born; **b)** wasn't born; **c)** was born; **d)** were ... born; **e)** weren't born. **3.- f)** thirty-two million eight hundred forty-seven thousand nine hundred one; **g)** twelve million two hundred sixty-six thousand thirty-four. **4.- h)** seventeen oh three; **i)** thirteen hundred.

unidad 37

1 «THERE WAS» Y «THERE WERE»
2 PEDIR UN PRODUCTO EN UNA TIENDA
3 PREGUNTAR EL PRECIO
4 EJERCICIOS

«THERE WAS» Y «THERE WERE»

Ambas formas se usan para expresar el pasado de la forma impersonal «_hay_», es decir, equivalen a «_había_» y «_hubo_»

«**There was**» se usa con nombres incontables o nombres contables en singular.

There was <u>some milk</u> in the glass
Había leche en el vaso

There was <u>a bus</u> in front of the post office
Había un autobús delante de correos

There were <u>some shops</u> near my house
Había algunas tiendas cerca de mi casa

Cuando se pide un producto en una tienda, se pueden utilizar varias estructuras:

> **Formal:**
> **I'd like to have / take...**
> *Me gustaría llevarme...*

> **Neutra:**
> **I'll take...**
> *Me llevaré...*

> **Coloquial:**
> **I want...**
> *Quiero...*

- En frases negativas se usan «**there wasn't (there was not)**» y «**there weren't (there were not)**».

There wasn't any honey
No había miel

There weren't many people at the concert
No hubo mucha gente en el concierto

I'd like to take some magazines
Me gustaría llevarme algunas revistas

I'll take a bottle of milk
Me llevaré una botella de leche

I want a blue dress
Quiero un vestido azul

- Para realizar preguntas se invierte el orden: **Was there ...?, Were there?**

Was there a car near the sidewalk?
¿Había un auto cerca de la acera?

Were there any supermarkets?
¿Había supermercados?

- Las preguntas anteriores se pueden responder afirmativa y negativamente, de forma corta:

Was there a car near the sidewalk?
Yes, there was
¿Había un auto cerca de la acera?
Sí, lo había

Were there any supermarkets?
No, there weren't.
¿Había supermercados? No, no había.

PREGUNTAR EL PRECIO

Para preguntar el precio de algún producto usamos el interrogativo «**how much**», normalmente acompañado del **verbo «to be»** (que en este caso equivale a «*costar*»), que ha de concordar con el sujeto.

How much?	
¿Cuánto?	
How much is it?	
¿Cuánto es?	
How much is the newspaper?	
¿Cuánto cuesta el periódico?	
How much are they?	
¿Cuánto cuestan?	
How much are the potatoes?	
¿Cuánto cuestan las patatas?	
How much was the camera?	
¿Cuánto costó la cámara?	
How much were the pictures?	
¿Cuánto costaban los cuadros?

Aunque no es tan frecuente, también se puede usar el verbo «to cost» *(costar)*.

How much does the car <u>cost</u>?
¿Cuánto cuesta el auto?

Ejercicios

1.- Completar con «there was /were», «there wasn't / weren't», o «was / were there?»

a) _____ any books on the shelf.
b) _____ some sugar on the table.
c) _____ any lamps in the house?
d) _____ a man at the door?
e) _____ some people at the bar.
f) _____ any photos in the envelope.

2.- Ordenar las palabras para formar frases.

g) to like carrots some I'd take.

_____

h) want two I oranges.

_____

3.- Preguntar el precio de:

i) the dictionaries.

_____

j) the computer.

_____

USO DE «WHY» Y «BECAUSE»

«**Why?**» es el pronombre interrogativo usado para preguntar por alguna razón. Equivale a «*¿Por qué?*».

Why do you have a dog?
¿Por qué tienes un perro?

Why are they studying English?
¿Por qué están ellos estudiando inglés?

Para responder a estas preguntas o bien cuando se quiera expresar un motivo, se usa «**because**». Es el equivalente a «*porque*».

Why do you have a dog?
Because I like animals very much.
¿Por qué tienes un perro?
Porque me gustan mucho los animales.

They are studying English **because** they want to speak it perfectly.
Ellos están estudiando inglés porque quieren hablarlo perfectamente.

EL VERBO «TO LIKE»

El verbo «**to like**» significa «*gustar*», pero en español usamos un objeto indirecto delante de él (me gusta, te gusta, etc.), y en inglés lo hacen los pronombres sujeto.

I **like** chocolate.
Me gusta el chocolate.

Does she **like** black coffee?
¿A ella le gusta el café solo?

They don't **like** meat.
A ellos no les gusta la carne.

Este verbo puede ir acompañado de un nombre, como en los ejemplos anteriores, o de un verbo. En este caso, al referirnos a una actividad en general, usamos el verbo en gerundio.

I **like** dancing
Me gusta bailar.

Do you **like** skiing?
¿Te gusta esquiar?

They don't **like** watching TV
A ellos no les gusta ver la televisión

El verbo «**to like**», cuando se usa en la pregunta «**Would you like ...?**» (¿Te gustaría...?, ¿Quieres...?) puede ir también precediendo a un nombre o a un verbo. En este último caso, el verbo se expresaría en infinitivo (con «to»).

Would you like a cake?

¿Quieres un pastel?

Would you like some wine?

¿Quieres vino?

Would you like <u>to dance</u>?

¿Te gustaría bailar?

Would you like <u>to speak</u> Chinese?

¿Te gustaría hablar chino?

cooking	*cocinar*
reading	*leer*
fishing	*pescar*
gardening	*jardinería*
hiking	*senderismo*
painting	*pintar*
stamp collecting	*coleccionar sellos*
writing	*escribir*

listening to music
escuchar música

surfing the internet
navegar por internet

playing an instrument
tocar un instrumento

walking   *pasear*

Why do you have a guitar?
Because I **play the guitar** in a band.
¿Por qué tienes una guitarra?
Porque toco la guitarra en un grupo.

Does she like **surfing the internet**?
¿Le gusta a ella navegar por internet?

Would you like **to cook**
the chicken for us?
I don't like **cooking**.
¿Te gustaría cocinar el
pollo para nosotros?
No me gusta cocinar.

Ejercicios

1.- Ordenar las palabras para formar frases.

a) can't to beach go why you the ?

_____

b) don't a have car because I.

_____

2.- Completar con la forma correcta del verbo «to like».

c) They don't _____ walking.

d) _____ you _____ to go to the movies?

e) _____ you _____ living in New York?

f) She _____ soccer.

3.- Usar el infinitivo o el gerundio del verbo entre paréntesis, según corresponda.

g) Would you like _____ (study) German?

h) My sister likes _____ (swim).

i) Would you like _____ (play) the piano?

j) Do they like _____ (listen) to the radio?

EL PASADO SIMPLE DE LOS VERBOS REGULARES (FORMA AFIRMATIVA)

Un verbo es regular cuando su pasado y su participio se forman añadiendo **«-ed»** al infinitivo del verbo.

En pasado tienen una única forma para todas las personas.

[To clean: *limpiar*]		
I	**cleaned**	yo limpié, limpiaba
you	**cleaned**	tú limpiaste, limpiabas
		usted limpió, limpiaba
he	**cleaned**	él limpió, limpiaba
she	**cleaned**	ella limpió, limpiaba
it	**cleaned**	limpió, limpiaba
we	**cleaned**	nosotros/as limpiamos, limpiáamos
you	**cleaned**	vosotros/as limpiásteis, limpiábais, ustedes limpiaron, limpiaban
they	**cleaned**	ellos/as limpiaron, limpiaban

Para formar el pasado de un verbo regular:

a) La regla general es añadir «-ed» al infinitivo del verbo: work-worked.

I **worked** for that company
Yo trabajé para esa compañía

b) Si el infinitivo acaba en «e», sólo se añade «d»: live-lived.

She **lived** in London
Ella vivió/vivía en Londres

c) Cuando el infinitivo acaba en «y»:

- Si la «y» tiene delante una vocal, se añade «ed»: play-played.

They **played** basketball
Ellos jugaron/jugaban al baloncesto

- Si la «y» tiene delante una consonante, cambia a «i» y se añade «ed»: study-studied.

We **studied** for the test
Nosotros estudiábamos para el examen

d) Si el infinitivo acaba en la serie de letras «consonante-vocal-consonante» y la última sílaba es la acentuada, antes de añadir «-ed» se dobla la última consonante: plan-planned.

I **planned** my vacations last month
Planeé mis vacaciones el mes pasado

Hay que tener en cuenta que la «w» se considera semiconsonante, por lo que no hace duplicar la última letra: snow – snowed.

It **snowed** a lot last month
Nevó mucho el mes pasado

e) Pero si el infinitivo acaba en «consonante-vocal-consonante» y la última sílaba no recibe el acento, sólo se añade «ed»: visit-visited.

I **visited** my aunt last week
Visité a mi tía la semana pasada

VOCABULARIO:
LUGARES Y EDIFICIOS
Places and buildings

bank	*banco*
school	*escuela*
park	*parque*
church	*iglesia*
airport	*aeropuerto*
bus station	*estación de autobuses*
train station	*estación de trenes*
repair shop	*taller*
hospital	*hospital*
hotel	*hotel*
museum	*museo*
art gallery	*galería de arte*
police station	*comisaría*
post office	*oficina de correos*
mall	*centro comercial*
library	*biblioteca*
gas station	*gasolinera*
movie theater	*cine*
fire station	*parque de bomberos*
supermarket	*supermercado*

We lived near the **police station**.
Nosotros vivíamos cerca de la comisaría.

They walked up to the **bus station** yesterday.
Ellos caminaron hasta la estación de autobuses ayer.

I stayed at a **hotel** when I visited my family.
Me quedé en un hotel cuando visité a mi familia.

Ejercicios

1.- ¿Cuál es el pasado simple de estos verbos?

a) to answer *(responder)* _____

b) to change *(cambiar)* _____

c) to stop *(parar)* _____

d) to cry *(llorar, gritar)* _____

2.- Usar el pasado simple de los verbos siguientes: to enjoy *(disfrutar)*, to fail *(suspender)*, to remember *(recordar)*, to close *(cerrar)*.

e) She _____ the exams at school.

f) They _____ at the party.

g) I _____ that art gallery.

h) The museum _____ at 05:00.

3.- ¿En qué lugar se reposta gasolina?

_____

4.- ¿Dónde se pueden leer, consultar o pedir libros en préstamo?

_____

Soluciones:
1.- a) answered;
b) changed; **c)** stopped;
d) cried. **2.- e)** failed;
f) enjoyed; **g)** remembered;
h) closed. **3.-** gas station. **4.-** library.

112

unidad 40

1 EL PASADO SIMPLE DE LOS VERBOS REGULARES (FRASES NEGATIVAS Y PREGUNTAS)
2 ADVERBIOS DE LUGAR
3 ADJETIVOS PARA DESCRIBIR LUGARES Y CIUDADES
4 EJERCICIOS

EL PASADO SIMPLE DE LOS VERBOS REGULARES (FRASES NEGATIVAS Y PREGUNTAS)

a) Para hacer frases negativas en pasado usamos el auxiliar **«did not (didn't)»**, que acompañará al **verbo en infinitivo** (no en pasado) para todas las personas:

forma afirmativa
She **answered** the question.
Ella respondió la pregunta.

forma negativa
She **didn't answer** the question.
Ella no respondió la pregunta

forma afirmativa
Leo **wanted** an ice-cream
Leo quería un helado

forma negativa
Leo **didn't want** an ice-cream.
Leo no quería un helado.

My mother **didn't live** in the USA.
Mi madre no vivía/vivió en los EEUU.

They **didn't work** in the morning.
Ellos no trabajaron/trabajaban por la mañana.

I **didn't open** the window.
Yo no abrí la ventana.

b) Para realizar preguntas se utiliza **«did»** delante del sujeto y del **verbo en infinitivo** (no en pasado):

forma afirmativa
They **cleaned** their rooms.
Ellos limpiaron sus habitaciones.

forma interrogativa
Did they **clean** their rooms?
¿Limpiaron ellos sus habitaciones?

forma afirmativa
She **listened** to me.
Ella me escuchó.

forma interrogativa
Did she **listen** to me?
¿Ella me escuchó?

Did you **travel** to Europe last year?
¿Viajaste a Europa el año pasado?

When **did** she **visit** her family?
¿Cuándo visitó ella a su familia?

Why **did** Peter **stop** the car?
¿Por qué detuvo Peter el auto?

c) «Did» y «didn't» se usan también en respuestas cortas:

Did you like the film?
¿Te gusto la película?

Yes, I did
Sí, me gustó

No, I didn't
No, no me gustó

ADVERBIOS DE LUGAR

Estos adverbios nos indican dónde tiene lugar la acción. En diversas unidades han aparecido algunos de ellos. A continuación se estudian algunos más.

over here	*por aquí*
over there	*por allí*
up, upstairs	*arriba*
down, downstairs	*abajo*
near, nearby	*cerca*
far (away)	*lejos*
out, outside	*fuera, afuera*
in, inside	*dentro, adentro*
in front	*delante*
behind	*detrás, atrás*
around	*alrededor*

The cat is **over there**.
El gato está por allí.

Maureen lives **downstairs**.
Maureen vive abajo.

The school isn't **near here**. It's very **far**.
La escuela no está cerca de aquí. Está muy lejos.

The girls are **outside** but the boys are **inside**.
Las chicas están fuera pero los chicos están dentro.

VOCABULARIO: ADJETIVOS PARA DESCRIBIR LUGARES Y CIUDADES

ugly	*feo*
clean	*limpio*
dirty	*sucio*
new	*nuevo*
nice, lovely, beautiful	*bonito*
old	*antiguo*
modern	*moderno*
horrible	*horrible*
big, large	*grande*
small	*pequeño*
expensive	*caro*
cheap	*barato*
interesting	*interesante*
boring	*aburrido*
comfortable	*cómodo*
uncomfortable	*incómodo*
crowded	*abarrotado*
deserted	*desierto*
historic	*histórico*
cosmopolitan	*cosmopolita*

This is the **new** library.
The **old** one is near.
Ésta es la nueva biblioteca.
La antigua está cerca.

London is a **modern** city, but very **expensive**.
Londres es una ciudad moderna, pero muy cara.

These streets are **crowded** but others are **deserted**.
Estas calles están abarrotadas pero otras están desiertas.

Ejercicios

1.- Convertir las frases afirmativas en negativas.

a) We visited a beautiful city.

_____

b) They cleaned the streets.

_____

c) I liked crowded places.

_____

d) She lived in a historic village

_____

2.- Convertir las frases en preguntas.

e) You watched an interesting match.

_____

f) Luke closed the door

_____

g) They traveled to Africa last year

_____

h) She danced salsa.

_____

3.- ¿Qué adverbio es el opuesto a «inside»?

_____

4.- ¿Qué adverbio es el opuesto a «downstairs»?

_____

EL PASADO SIMPLE DE LOS VERBOS IRREGULARES

Un verbo es irregular cuando su pasado, su participio, o ambos, no se forman añadiendo «ed» al infinitivo del verbo. Son muchos los verbos que son irregulares en inglés y cada uno con un tipo de irregularidad, por lo que la única regla para aprenderlos será practicarlos y memorizarlos.

a) Para usarlos de forma afirmativa, se toma el verbo en pasado y éste es igual para todas las personas:

[To go: *ir* - pasado: *went*]

We **went** to the theater last month.
Fuimos al teatro la semana pasada.

She **went** to Paris in November.
Ella fue a París en noviembre.

I **went** to bed late.
Me fui a la cama tarde.

[To buy: *comprar* - pasado: *bought*]

My parents **bought** a new car.
Mis padres compraron un auto nuevo.

[to break: *romper* - pasado: *broke*]

I **broke** the vase.
Yo rompí el jarrón.

[to have: *tener* - pasado: *had*]

She **had** three children.
Ella tuvo tres hijos.

[to eat: *comer* - pasado: *ate*]

Our dog **ate** its food.
Nuestro perro se comió su comida.

b) En **frases negativas**, al igual que con los verbos regulares, se usan **«didn't»** y el **infinitivo del verbo**:

My parents **didn't buy** a new car.
Mis padres no compraron un auto nuevo.

I **didn't break** the vase.
Yo no rompí el jarrón.

She **didn't have** three children.
Ella no tuvo tres hijos.

Our dog **didn't eat** its food.
Nuestro perro no comió su comida.

c) Para hacer **preguntas** se utiliza **«did»** delante del sujeto y del **verbo en infinitivo**:

Did you **see** Tom?
¿Viste a Tom?

Did they **write** that article?
¿Escribieron ellos ese artículo?

What **did** he **do**?
¿Qué hizo él?

Where **did** we **buy** the computer?
¿Dónde compramos la computadora?

d) En respuestas cortas:

Did you read the newspaper yesterday?
¿Leíste el periódico ayer?

Yes, I **did**. / *Sí*.   No, I **didn't**. / *No*.

train	*tren*
subway	*metro*
bus	*autobús*
coach	*autocar*
station	*estación*
ticket counter	*mostrador*
ticket window	*ventanilla*
line	*cola*
departure	*salida*
arrival	*llegada*
departure / arrival board	*tablero de salidas / llegadas*
platform, track	*andén, vía*
passenger	*pasajero*

tunnel	*túnel*
ticket	*billete*
one way ticket	*billete de ida*
round ticket	*billete de ida y vuelta*
luggage, baggage	*equipaje*
suitcase	*maleta*
bag	*bolsa*
backpack	*mochila*
train schedule	*horario de trenes*
seat	*asiento*
cart	*carrito*
left-luggage office	*consigna*

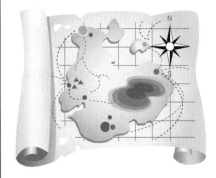

Can I have a **round ticket** to Miami, please?
¿Me da un billete de ida y vuelta a Miami, por favor?

The **passengers** had a lot of **luggage**.
Los pasajeros tenían mucho equipaje.

I took a **cart** to carry my **suitcases**.
Cogí un carrito para llevar mis maletas.

Ejercicios

1.- Usar el pasado simple (forma afirmativa) de los siguientes verbos

a) I _______ a one way ticket to New York. [to buy *(comprar)*]

b) She ______ me on track 2. [to see *(ver)*]

c) They _______ a backpack and two suitcases. [to have *(tener)*]

2.- Transformar las frases del ejercicio 1 a frases negativas.

d) ______________________________

e) ______________________________

f) ______________________________

3.- Transformar las frases del ejercicio 1 a frases interrogativas.

g) ______________________________

h) ______________________________

i) ______________________________

4.- ¿Qué nombre recibe el lugar donde se sientan las personas en un tren?

____

Soluciones:

1.- a) I bought a ...; **b)** She saw me ...; **c)** They had a... **2.- d)** I didn't buy...; **e)** She didn't see...; **f)** They didn't have... **3.- g)** Did I buy ...?; **h)** Did she see ...; **i)** Did they have ...? **4.-** seat.

unidad 42

contenido

1 USO DE «USED TO»
2 ADJETIVOS TERMINADOS EN «-ED» Y EN «-ING»
3 EJERCICIOS

USO DE «USED TO»

«**Used to**» se usa para expresar hábitos y estados en el pasado. Siempre acompaña a un infinitivo. Es el equivalente a *«solía, solías, etc.»*, aunque a veces no se traduzca. Tiene una forma invariable para todas las personas.

Hábito: I **used to** play basketball.
Yo solía jugar al baloncesto.

Estado: They **used to** live in Los Angeles.
Ellos vivían en Los Ángeles.

My father **used to** do the washing-up.
Mi padre solía lavar los platos.

Tom and Mike **used to** meet on Sundays.
Tom y Mike se solían reunir los domingos.

La forma negativa es «**didn't use to + infinitivo**».

She **didn't use to** read that magazine.
Ella no solía leer esa revista.

We **didn't use to** go dancing.
No solíamos ir a bailar.

En preguntas, «**did** + sujeto **use to** + infinitivo?».

Did you **use to** go to bed late?
¿Solías acostarte tarde?

Did they **use to** visit their parents?
¿Solían ellos visitar a sus padres?

Y en respuestas cortas:

Did she use to listen to the radio?
Yes, she did.
¿Solía ella escuchar la radio? Sí.

Did you use to take photographs?
No, I didn't.
¿Solías tomar fotos? No.

ADJETIVOS TERMINADOS EN «-ED» Y EN «-ING»

En inglés existe una serie de adjetivos que tienen la misma base, pero una terminación distinta. Unos acaban en «-ed» y otros en «-ing».

a) Se usan los terminados en «-ed» cuando se describe cómo se siente alguien.

bored	*aburrido*
worried	*preocupado*
interested	*interesado*
tired	*cansado*
surprised	*sorprendido*

She is **bored**.
Ella está aburrida.

I'm **interested** in history.
Estoy interesado en la historia.

My mother is **worried**.
Mi madre está preocupada.

Are you **tired**?
¿Estás cansado?

b) Se usan los terminados en «-ing» cuando se describan cosas, personas, situaciones, etc.

boring	*aburrido*
worrying	*preocupante*
interesting	*interesante*
tiring	*cansado*
surprising	*sorprendente*

This movie is very **interesting**.
Esa película es muy interesante.

The news is **worrying**.
La noticia es preocupante.

The journey was very **tiring**.
El viaje fue muy cansado.

Por lo tanto se puede decir:

I am **bored** because this
program is **boring**.
*Estoy aburrido porque este
progama es aburrido.*

We are **worried** because our
situation is **worrying**.
*Estamos preocupados porque
nuestra situación es preocupante.*

He is **surprised** because
the result was **surprising**.
*Él está sorprendido porque
el resultado fue sorprendente.*

Otros adjetivos son:

annoyed	*enfadado*
annoying	*molesto*
embarrassed	*avergonzado*
embarrassing	*embarazoso*
frightened	*aterrado*
frightening	*aterrador*
excited	*emocionado*
exciting	*emocionante*
exhausted	*agotado*
exhausting	*agotador*

Ejercicios

1.- Ordenar las palabras para formar
oraciones.

a) to didn't we Japanese study use.

_____

b) they to use did tennis play ?

_____

c) used cycling to she go everyday.

_____

2.- Usar los adjetivos que correspondan.

d) That situation was _____
(embarrassed, embarrasing).

e) I'm _____ because the tennis match
was _____ (exhausted, exhausting).

f) That book is _____ (bored, boring).

g) Isn't it an ____ film? (excited, exciting).

h) I have a _____ job. I'm always ____
(tired, tiring).

i) You were _____ because that noise
was _____ (annoyed, annoying).

j) I'm _____ in getting a good job.
(interested, interesting).

EXPRESAR OBLIGACIÓN: LOS VERBOS «MUST» Y «HAVE TO»

«**Must**» (*deber*) y «**have to**» (*tener que*) expresan obligación. A veces se pueden usar indistintamente, aunque existen ciertas diferencias. Siempre preceden a un infinitivo.

- «**Must**» se usa cuando el hablante tiene «autoridad» sobre el oyente y sólo se utiliza en presente. Como es un verbo modal, tiene una forma para todas las personas.

You **must** study hard.
Debéis estudiar mucho.
(El profesor a los alumnos)

You **must** take this pill.
Usted debe tomar esta píldora.
(El médico al paciente).

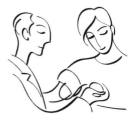

- «**Have to**» se utiliza para comunicar una obligación, sin imponerla y puede aparecer en pasado (had to), presente (have to) y futuro (will have to).

I **have to** do my homework.
Tengo que hacer mis deberes.

He **has to** straighten up his room.
Él tiene que ordenar su habitación.

- En preguntas, «must» invierte el orden con el sujeto, pero «have to» necesita del auxiliar «do / does / did».

Must you leave now?
¿Debes irte ahora?

Do you **have to** leave now?
¿Tienes que irte ahora?

- En frases negativas estos verbos son muy diferentes:

«**Mustn't**» implica prohibición, es decir, no poder hacer algo.

You **mustn't** smoke in this place.
No puede fumar en este lugar.

«**Don't / doesn't have to**» implica falta de obligación, es decir, que algo no es necesario.

I **don't have to** get up early on Sundays.
No tengo que levantarme temprano los domingos.

VOCABULARIO:
TAREAS DOMÉSTICAS
Household chores (housework)

to make the meal   *hacer la comida*

to wash the dishes   *lavar los platos*

to sweep the floor   *barrer el suelo*

to mop the floor   *fregar el suelo*

to make the bed
hacer la cama

to vacuum the floor
pasar la aspiradora al suelo

to iron the clothes
planchar la ropa

to take the garbage out
sacar la basura

to straighten up the room
ordenar la habitación

Al referirnos a las actividades, muchas de ellas se expresan con el verbo «to do»:

to do

the cleaning
hacer la limpieza

the washing
hacer la colada, lavar la ropa

the washing-up
lavar los platos

the shopping
hacer la compra

the ironing
planchar

the vacuuming
pasar la aspiradora

My mother **makes the meal** but I have to **wash the dishes**.
Mi madre hace la comida pero yo tengo que lavar los platos.

I **make my bed** and **straighten up my bedroom** before leaving home.
Yo hago mi cama y ordeno mi dormitorio antes de salir de casa.

You must **do the ironing** before **mopping the floor**.
Tienes que planchar antes de fregar el suelo.

Can you **take the garbage out**, please?
¿Puedes sacar la basura, por favor?

She hates **ironing**.
Ella odia planchar.

Ejercicios

1.- Completar las frases con «must» o «have to».

a) I _____ be at the conference at 10.

b) You _____ eat that sandwich, daughter.

c) She _____ do the vacuuming.

d) «You _____ do that exercise», the teacher said.

e) _____ they _____ work?

2.- Corregir las frases que lo precisen:

f) We moped the floor yesterday morning.

_____

g) I do my bed everyday.

_____

h) Do you have to vacum the floor?

_____

i) They didn't straightened up their room.

_____

j) I wash the dishes on Mondays, Wednesdays and Fridays.

_____

---

1 EL VERBO «COULD»
2 EXPRESAR PETICIONES
3 EN EL AEROPUERTO – *At the airport*
4 EJERCICIOS

EL VERBO «COULD»

«**Could**» es un verbo modal, pasado simple del verbo «**can**». Se usa para expresar habilidad en el pasado, posibilidad, así como para realizar sugerencias o peticiones. También se utiliza como condicional de dicho verbo (*podría, podrías, etc.*).

- Habilidad en el pasado:

I **could** read when I was five years old.
Yo sabía leer cuando tenía cinco años.

- Posibilidad:

He **could** win the prize.
Puede que él gane el premio.

- Sugerencias:

You **could** buy that car.
Podrías comprar ese auto.

- Peticiones:

Could you repeat that, please?
¿Podría repetir eso, por favor?

- Condicional:

They **could** go to the concert if they had the tickets.
Ellos podrían ir al concierto si tuvieran las entradas.

EXPRESAR PETICIONES

Como ya se ha visto, cuando se quiera pedir o solicitar algo usamos «**can**» y «**could**». «**Can**» se usará en una situación más informal y «**could**» en otra más formal.

Can I speak to Jane?
¿Puedo hablar con Jane?

Could you spell your name, please?
¿Podría deletrear su nombre, por favor?

Para responder a estas preguntas afirmativamente, podemos decir:

a) De una manera informal:
«**Sure**» *(claro)*, «**OK**», «**Yes**»...

- **Can** you open the door, please?
¿Puedes abrir la puerta, por favor?

- **Sure.** / *Claro.*

b) De una manera formal: «**Of course**» *(por supuesto)*, «**Certainly**» *(claro)*...

- **Could** I speak to Mr. Jones, please?
¿Podría hablar con el Sr. Jones, por favor?

- **Certainly.** / *Claro.*

Otra forma de expresar una petición formal es por medio de «**I would like to + infinitivo**» *(quisiera, me gustaría)*. En este caso no se realiza una pregunta, sino que se trata de una oración afirmativa. Esta expresión se suele utilizar de forma contraída: «**I'd like to + infinitivo**».

I'd like to <u>take</u> those apples, please.
Quisiera (me gustaría) llevarme esas manzanas, por favor.

I'd like to <u>have</u> a meeting with him.
Quisiera tener una reunión con él.

airline	*línea aérea*
flight	*vuelo*
domestic/international flight	*vuelo nacional/internacional*
check-in	*facturación*
check-in counter	*mostrador de facturación*
boarding	*embarque*
boarding pass	*tarjeta de embarque*
passport	*pasaporte*
departure lounge	*sala de embarque*
gate	*puerta*
baggage reclaim	*reclamación de equipaje*
cart	*carrito*
customs	*aduana*
to take off	*despegar*

take-off	*despegue*
to land	*aterrizar*
landing	*aterrizaje*
pilot	*piloto*
flight attendant	*auxiliar de vuelo*
delay	*retraso*
delayed	*retrasado*

Could I have your **passport**, please?
¿Puede mostrarme el pasaporte, por favor?

I'd like to know why the plane is **delayed**.
Quisiera saber por qué el avión tiene retraso.

Ejercicios

1.- Pedirle informalmente a alguien que:

a) cierre la puerta

b) haga sus deberes

c) compre el periódico

2.- Pedirle formalmente a alguien que:

d) muestre su tarjeta de embarque

e) vaya al mostrador de facturación

f) escuche al auxiliar de vuelo

3.- Ordenar las palabras para formar frases:

g) swim she when she four was could.

h) come couldn't he home.

i) you could him phone please ?

j) her couldn't they see.

unidad 45

1 USO DE «LET'S + INFINITIVO»
2 TRATAMIENTOS FORMALES
(MR, MRS., MS, MISS)
3 MEDIOS DE TRANSPORTE
– *Means of transport*
4 LA PREPOSICIÓN «BY» CON
MEDIOS DE TRANSPORTE
5 LAS PREPOSICIONES «IN» Y
«ON» CON MEDIOS DE TRANSPORTE
6 EJERCICIOS

USO DE «LET'S + INFINITIVO»

En la unidad 34 se trata el imperativo cuando implica una orden hacia otras personas, pero también es posible que uno mismo se incluya en la orden. En este caso se usa **«let's (let us) + infinitivo»**. En ocasiones puede considerarse como una sugerencia.

Let's play chess.
Juguemos al ajedrez.

Let's study English.
Estudiemos inglés.

Let's go to the movies this evening.
Vayamos al cine esta tarde.

Soluciones:

1.- a) Can you close the door?; **b)** Can you do your homework?; **c)** Can you buy the newspaper? **2.- d)** Could you show your boarding pass?; **e)** Could you go to the check-in desk?; **f)** Could you listen to the flight attendant? **3.- g)** She could swim when she was four; **h)** He couldn't come home; **i)** Could you phone him, please?; **j)** They couldn't see her.

TRATAMIENTOS FORMALES (MR, MRS., MS, MISS)

El tratamiento formal para dirigirse a las personas es:

Mr (Mister):
(Sr./Señor) se usa para hombres.

Mrs (Misses):
(Sra./Señora) se usa para mujeres casadas.

Miss:
(Srta./Señorita) se usa para mujeres solteras.

Ms:
(Sra. o Srta.) se usa para mujeres sin especificar su estado civil.

Estos tratamientos se usan seguidos del apellido o nombre y apellido de la persona (éste último es menos formal).

Good morning, **Mr.** Gates!
¡Buenos días, Sr. Gates!

I saw **Mrs.** Reley yesterday.
Vi a la Sra. Reley ayer.

The winner is **Miss** Joan Murphy.
La ganadora es la Srta. Joan Murphy.

VOCABULARIO: MEDIOS DE TRANSPORTE
– Means of transport

bicycle, bike	*bicicleta*
motorcycle	*moto(cicleta)*
streetcar	*tranvía*
train	*tren*
subway	*metro*
bus	*autobús*
coach	*autocar*
car	*auto(móvil)*
taxi, cab	*taxi*
van	*furgoneta*
truck	*camión*
plane	*avión*
helicopter	*helicóptero*
ship	*barco*
boat	*barco, barca*
to ride a bike	*montar en bicicleta*
to drive a car	*conducir un auto*
to catch / take a bus	*tomar un autobús*

to get in(to) a car
montarse en un auto

to get out of a car
bajarse de un auto

to get on(to) a bus/train/plane
subirse al autobús/tren/avión

to get off a bus/train/plane
bajarse del autobús/tren/avión

Ms Evans never **drives her car**.
She always **takes a bus**.
La Srta. Evans nunca conduce su auto.
Ella siempre coge un autobús.

LA PREPOSICIÓN «BY» CON MEDIOS DE TRANSPORTE

Para referirse al medio de transporte que se utiliza, se hace uso de la preposición «**by**».

I go to work **by bus**.
Voy al trabajo en auto.

They always travel **by train**.
Ellos siempre viajan en tren.

How often do you travel **by plane**?
¿Con qué frecuencia viajas en avión?

Pero se usa «**on**» en el caso «**on foot**» (*a pie*).

Mrs. O'Hara never goes to school **on foot**.
La Sra. O'Hara nunca va a la escuela a pie.

LAS PREPOSICIONES «IN» Y «ON» CON MEDIOS DE TRANSPORTE

«**In**» y «**on**» son preposiciones que también se usan con medios de transporte, para expresar que alguien se encuentra en ellos.

«**In**» se usa cuando se trate de un auto y «**on**» al tratarse de un autobús, tren, barco o avión.

The kids are **in** <u>the car</u>.
Los niños están en el auto.

The driver wasn't **on** <u>the bus</u>.
El conductor no estaba en el autobús.

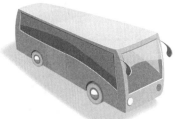

Ejercicios

1.- ¿De qué forma nos impondríamos comprar un billete de tren?

_____

2.- ¿Cuál es el tratamiento formal para un señor?

_____

3.- Completar los espacios con la preposición correcta (in, on, by).

a) Mr. Wilson was _____ the plane.

b) Does Ms Kelly go to the supermarket _____ foot?

c) We sometimes go downtown _____ cab.

d) Those documents are _____ the car.

e) They usually travel _____ plane.

f) Was Mrs. Taylor _____ the train when you phoned her?

4.- ¿Qué verbo usamos para expresar...

g) ...subirse a un tren? _____

h) ...bajarse de un auto? _____

LOS PRONOMBRES INDEFINIDOS

Los pronombres indefinidos son los que utilizamos cuando nos referimos a personas, cosas y lugares, pero sin precisar o identificar los mismos.

En esta unidad se tratarán los formados combinando

some		body
any	con	one
every		thing
no		where

Los compuestos con «**body**» y «**one**» son sinónimos y se refieren a personas, con «**thing**» a cosas y con «**where**» a lugares.

a) Los compuestos de «**some**» se utilizan en frases afirmativas.

somebody, someone

alguien

something

algo

somewhere

en algún lugar

There's **someone** at the door.
Hay alguien en la puerta.

I have **something** in my pocket .
Tengo algo en mi bolsillo.

She left her watch **somewhere**.
Ella dejó su reloj en algún lugar.

b) «**Any**», como sus compuestos, se usan en frases negativas y en preguntas:

en frases negativas

anybody, anyone	*nadie*
anything	*nada*
anywhere	*en ningún lugar*

en preguntas

anybody, anyone	*alguien*
anything	*algo*
anywhere	*en algún lugar*

Is there **anybody** at home?
¿Hay alguien en casa?

I don't have **anything**.
No tengo nada.

I can't find my wallet **anywhere**.
No encuentro mi billetera en ningún lugar.

c) «**Every**» y sus compuestos implican un sentido de totalidad y se utilizan en frases afirmativas, negativas y en preguntas:

everybody, everyone
todos, todo el mundo
everything
todo, todas las cosas
everywhere
en todos los lugares, por todos sitios

Did e**verybody** come to the party?
¿Todos vinieron a la fiesta?

I didn't tell you **everything**.
No te lo dije todo.

There are people **everywhere**.
Hay gente por todos sitios.

Si el pronombre indefinido rige el verbo, éste se usa en 3ª persona del singular (como *he, she* o *it*).

Somebody **is** there.
Alguien está allí.

Everybody **sleeps** at night.
Todo el mundo duerme por la noche.

There **isn't** anyone at home.
No hay nadie en casa.

EXPRESIONES DE DISCULPA

Se utiliza «**Excuse me**» (*disculpe*) antes de pedir información o ayuda y cuando se vaya a ocasionar alguna molestia.

Se usa «**Sorry**» o «**I'm sorry**» (*perdone/lo siento*) cuando se haya ocasionado alguna molestia, aunque en inglés americano se suele usar también «**Excuse me**».

-**Excuse me**. Are you Miss Duffy?
-Perdone. ¿Es usted la Srta. Duffy?

-No, I'm not. I'm Mrs Black.
-No, no lo soy. Soy la Sra. Black.

-Oh, **sorry!** / *-Oh, perdone.*

d) «**No**» y sus compuestos son sinónimos de «any» y los suyos, cuando éstos se usan en frases negativas, pero los compuestos de «no» aparecen en frases afirmativas.

nobody, no-one	*nadie*
nothing	*nada*
nowhere	*(en) ningún lugar*

I saw **nothing** there =
I didn't see anything there
No vi nada allí.

Nobody came to the party.
Nadie vino a la fiesta.

Nowhere is safe.
Ningún lugar es seguro.

También se dice «**I'm sorry**» cuando no se puede ayudar a alguien (por ejemplo, le preguntan por una dirección y no la conoce).

Ejercicios

1.- Completar los espacios con el pronombre indefinido correspondiente.

a) Is there _____ in the box? (anything, everywhere, something)

b) _____ can do it. (something, nobody, anything)

c) I like _____ (anywhere, everything, anybody)

d) She spent the night _____ near the beach. (nothing, everywhere, somewhere)

e) There isn't _____ at work. (somebody, nobody, anybody)

2.- Ordenar las palabras para formar frases.

f) somewhere saw it I.

_____

g) at nobody was home.

_____

h) what me is excuse time it?

_____

i) go anywhere your didn't sister.

_____

j) there in was anybody house the?

_____

1 EL VERBO «TO GET»
2 LOS NÚMEROS ORDINALES
   – *Ordinal numbers*
3 EJERCICIOS

EL VERBO «TO GET»

El verbo «to get» se emplea en diferentes situaciones, y, a veces, puede resultar confuso. A continuación se muestran algunos de los significados más frecuentes de este verbo.

a) Obtener, conseguir.

I **get** my meat from the supermarket.
Consigo la carne en el supermercado.

b) Recibir.

She **got** a letter yesterday.
Ella recibió una carta ayer.

c) Hacerse, convertirse, transformarse.

We **are getting** older.
Nos estamos haciendo mayores.

d) Tomar, coger.

We **got** the bus this morning.
Esta mañana tomamos el autobús.

e) Llegar.

They didn't **get** home before six.
Ellos no llegaron a casa antes de las seis.

f) Traer, ir a por.

Can you **get** me those books, please?
¿Puedes traerme esos libros, por favor?

Los tres primeros números ordinales son los siguientes:

1º primer(o)	1st	first
2º segundo	2nd	second
3º tercer(o)	3rd	third

En la abreviatura de los números ordinales aparece la cifra y las dos últimas letras del ordinal, escrito en letra. A partir del número cuatro, el ordinal se forma a partir del número cardinal, añadiéndole «th»: **número + th.**

4º cuarto	4th	fourth
5º quinto	5th	fifth
6º sexto	6th	sixth
10º décimo	10th	tenth
12º duodécimo	12th	twelfth
20º vigésimo	20th	twentieth

Pero existen ligeros cambios en algunos números:

five	▶	fifth
eight	▶	eighth
nine	▶	ninth
twelve	▶	twelfth
twenty	▶	twentieth

Las decenas seguirán el modelo «-ieth»:

30th ▶ thirt<u>ieth</u>   80th ▶ eight<u>ieth</u>

En números compuestos por decena y unidad, sólo cambia a ordinal la unidad:

21st	twenty-first
32nd	thirty-second
63rd	sixty-third
85th	eighty-fifth

Usos de los números ordinales:

a) Expresan el orden en que sucede algo o la ubicación de las cosas:

This is my **second** flight to New York.
Este es mi segundo vuelo a Nueva York.

Today is her **74ᵗʰ** anniversary.
Hoy es su 74º aniversario.

Take the **first** right and go ahead.
*Doble la primera (calle)
a la derecha y siga recto.*

b) Con ellos indicamos las plantas de un edificio:

My aunt lives on the **ninth** floor.
Mi tía vive en el noveno piso.

c) Para decir las fechas (en español se usan los números cardinales):

The meeting is on January, **16ᵗʰ**.
La reunión es el 16 de enero.

Her birthday is on November, **21ˢᵗ**.
Su cumpleaños es el 21 de noviembre.

The course starts on September, **12ᵗʰ**.
El curso empieza el 12 de septiembre.

Aunque no se escriba, al leer la fecha se ha de usar el artículo «**the**» delante del número del día.

Ejercicios

1.- Sustituir el verbo por el tiempo correspondiente del verbo «to get».

a) I'm becoming nervous.

_____

b) She arrived in Chicago very late

_____

c) Did you receive a parcel?

_____

d) He had good results in his exams.

_____

e) She didn't bring that dictionary.

_____

2.- Escribir en letra los siguientes números ordinales:

f) 55th _____

g) 29th _____

h) 43rd _____

3.- Corregir los errores en las siguientes frases:

i) The office is on the twelveth floor.

_____

j) It's my father's fourty-ninth anniversary.

_____

EL PASADO CONTINUO

Es el tiempo que se utiliza cuando queremos expresar acciones que ocurrieron en el pasado, pero enfatizamos que tuvieron cierta duración, así como aquello que estaba ocurriendo en un momento determinado del pasado. Se forma con el pasado simple del verbo «to be» (**was/were**) y el **gerundio** del verbo que usemos.

The dog **was eating** its food.
El perro estaba comiendo su comida.

In 2002 I **was living** in London.
En 2002 yo estaba viviendo en Londres.

We **were doing** our homework.
Estuvimos haciendo nuestros deberes.

She **was reading** a magazine.
Ella estaba leyendo una revista.

They **were cleaning** their apartment.
Ellos estuvieron limpiando su apartamento.

Sujeto + **was / were** + **gerundio** + (complementos)

a) La forma afirmativa es:

[To eat: *comer*]

I	**was eating**	*yo estuve/estaba comiendo*
you	**were eating**	*tú estuviste/estabas comiendo, usted estuvo/estaba comiendo*
he	**was eating**	*él estuvo/estaba comiendo*
she	**was eating**	*ella estuvo/estaba comiendo*
it	**was eating**	*estuvo/estaba comiendo*
we	**were eating**	*nosotros/as estuvimos/estábamos comiendo*
you	**were eating**	*vosotros estuvisteis/estábais comiendo, ustedes estuvieron/estaban comiendo*
they	**were eating**	*ellos estuvieron/estaban comiendo*

b) En frases negativas se usan «**was not / wasn't**» y «**were not / weren't**»:

He **wasn't dancing** at the party.
Él no estuvo bailando en la fiesta.

They **weren't speaking** French.
Ellos no estaban hablando en francés.

I **wasn't waiting** for you.
Yo no estaba esperándote.

We **weren't fighting**.
No estábamos peleándonos.

c) En preguntas, «was» y «were» invierten el orden con el sujeto.

Were you **studying** maths?
¿Estabas estudiando matemáticas?

What **were** you **doing**?
¿Qué estabas haciendo?

Who **was** she **talking** to?
¿Con quién estaba hablando ella?

d) Y en respuestas cortas:

Was he **playing** the piano?
¿Estaba él tocando el piano?
{ **Yes, he was.** / *Sí.*
  No, he wasn't. / *No.*

El pasado continuo también se usa para describir lo que estaba ocurriendo en un momento determinado del pasado.

She **was working** in the morning.
Ella estuvo trabajando por la mañana.

At seven o'clock I **was sleeping**.
A las siete en punto yo estaba durmiendo.

Yesterday evening they **were playing** cards.
Ayer por la tarde ellos estuvieron jugando a las cartas.

VOCABULARIO:
LA CIUDAD – *The city*

road sign	*señal*
mailbox	*buzón*
sidewalk	*acera*
corner	*esquina*
trash can	*papelera*
flag	*bandera*
advertisement	*anuncio*
bus shelter	*caseta del bus*
building	*edificio*
crosswalk	*paso de peatones*
lamppost	*farola*
pedestrian	*peatón*
skyscraper	*rascacielos*
bridge	*puente*
river	*río*
traffic light	*semáforo*
bench	*banco*
square	*plaza*

We were visiting that huge **skyscraper**.
Estuvimos visitando ese rascacielos enorme.

Andy and Susan were sitting on a **bench**.
Andy y Susan estaban sentados en un banco.

Were you walking near the **bridge**?
¿Estuvísteis paseando cerca del puente?

Ejercicios

1.- Completar los espacios con el pasado continuo de los siguientes verbos: play, work, study, read, go, do.

a) Tom _____ hard on the weekend.
b) She _____ English last week.
c) Those pedestrians _____ across the street.
d) The children _____ soccer yesterday.
e) What ____ he _____ yesterday at 3 o'clock?
f) _____ you _____ the advertisement?

2.- ¿Dónde se puede tirar un papel si se está en la calle?

_____

3.- ¿En qué lugar se depositan las cartas para enviarlas?

_____

4.- ¿En qué lugar nos sentamos cuando estamos en la calle?

_____

5.- ¿Qué objeto luminoso regula el tráfico?

_____

Soluciones:
1.- a) was working;
b) was studying;
c) were going; **d)** were playing; **e)** was …. doing;
f) Were …. reading; **2.-** In a trash can.
3.- In a mailbox. **4.-** On a bench.
5.- The traffic light.

unidad 49

contenido

1 DIFERENCIAS ENTRE EL PASADO SIMPLE Y EL CONTINUO
2 USO DE «WHEN» Y «WHILE»
3 EJERCICIOS

DIFERENCIAS ENTRE EL PASADO SIMPLE Y EL CONTINUO

a) El pasado simple expresa una acción ya finalizada, pero con el pasado continuo no se sabe si la acción ha concluido.

She **wrote** a letter.
Ella escribió una carta.
(La carta está finalizada)

She **was writing** a letter.
Ella estuvo escribiendo una carta.
(No se sabe si la acabó o no).

b) El pasado simple expresa acciones pasadas como simples hechos, mientras que el pasado continuo da a las acciones un tiempo y una duración.

What **did** you **do** yesterday? I **watched TV**.
¿Qué hiciste ayer? Vi la televisión.

What **were** you **doing** yesterday at 8?
I **was watching TV**.
¿Qué estabas haciendo ayer a las 8?
Estaba viendo la televisión.

c) Otras diferencias se verán al tratar «**when**» (*cuando*) y «**while**» (*mientras*), que se estudian a continuación.

USO DE «WHEN» Y «WHILE»

«**When**» (*cuando*) y «**while**» (*mientras*) son palabras que, en muchas ocasiones, unen frases. La posición de ambas puede ser al inicio de una frase o en posición media, pero, en cualquier caso, siempre preceden a una frase. En pasado, «**when**» <u>suele preceder a un pasado simple</u> y «**while**» <u>a un pasado continuo</u>.

Cuando «**when**» se utiliza uniendo dos frases en pasado simple, se expresan dos acciones consecutivas en el pasado.

I <u>opened</u> the door **when** the bell <u>rang</u>.
Abrí la puerta cuando sonó el timbre.

When she <u>had</u> dinner she <u>went</u> to bed.
Cuando ella cenó, se fue a la cama.

Al unir en una frase dos acciones duraderas que estaban ocurriendo simultáneamente, ambas se expresan en pasado continuo, unidas por «**while**».

She <u>was reading</u> a book **while** her children <u>were playing</u>.
Ella estaba leyendo un libro mientras sus hijos estaban jugando.

While he <u>was studying</u>, I <u>was working</u>.
Mientras él estaba estudiando, yo estaba trabajando.

Para expresar que una acción estaba teniendo lugar (pasado continuo) cuando otra «interrumpió» (pasado simple):

I <u>was washing</u> the dishes **when** the telephone <u>rang</u>.
Yo estaba lavando los platos cuando sonó el teléfono.

The telephone <u>rang</u> **while** I <u>was washing</u> the dishes.
El teléfono sonó mientras yo estaba lavando los platos.

Con el pasado simple y continuo se expresan matices diferentes, como podemos ver en los ejemplos siguientes.

What **did** you **do** when it started to rain?
We went home.

¿Qué hicísteis cuando empezó a llover?
Fuimos a casa (después de
que empezara a llover)

What **were** you **doing**
when it started to rain?
We were going home.

¿Qué estábais haciendo
cuando empezó a llover?
Estábamos yendo a casa.
(antes de que empezara a llover)

Ejercicios

1.- Completar los espacios con los verbos en pasado simple o continuo.

a) Some friends _____ (arrive) while we _____ (watch) TV.

b) What _____ you _____ (do) yesterday at seven?

c) He _____ (can) not sleep because the baby _____ (cry).

d) The students _____ (listen) while the teacher _____ (explain) the lesson.

e) I _____ (speak) to John when I _____ (get) a text message.

2.- ¿»When» o «while»?

f) She was taking a shower _____ the door opened.

g) _____ Mary was having dinner, John was sleeping.

h) _____ we bought that house, they were building it.

i) I was looking at them _____ they were dancing.

j) He was surfing the internet _____ he saw that photo.

unidad 50

1 PEDIR PERMISO
2 «BEFORE» Y «AFTER»
3 FORMAS Y MATERIALES – *Shapes and materials*
4 POSICIÓN DE VARIOS ADJETIVOS JUNTO A UN NOMBRE
5 EJERCICIOS

PEDIR PERMISO

Para solicitar permiso para realizar una acción se pueden usar diversas estructuras. En esta unidad se tratarán aquellas con los verbos modales «**can**», «**may**» y «**could**». Con «can» se solicita permiso de una manera informal, mientras que con «may» y con «could» se hace más formalmente.

Can I open the window?
¿Puedo abrir la ventana?

May I come in?
¿Puedo pasar?

Could I ask you a question?
¿Puedo / Podría hacerle una pregunta?

«BEFORE» Y «AFTER»

Tanto «**before**» como «**after**» pueden funcionar como conjunciones, preposiciones y adverbios.

«**Before**» equivale a
«*antes, antes de, antes de que*».

«**After**» equivale a
«*después de, después de que*».

I was here **before**.
Yo estuve aquí antes.

He knew it **before** you told him.
Él lo sabía antes de que se lo contaras.

She got home **after** six.
Ella llegó a la casa después de las seis.

They couldn't sleep **after**
I had told them that story
*Ellos no pudieron dormir después de
que yo les contara esa historia.*

Si se usa un verbo después de **«before»** o **«after»** (porque el sujeto de ese verbo es el mismo que el de otro verbo aparecido antes), éste ha de tener forma de **gerundio**.

I was watching TV **before** going to bed.
Estuve viendo la televisión
antes de acostarme.

They were playing soccer **after**
doing their homework.
Ellos estuvieron jugando al fútbol
después de hacer sus deberes.

Cuando un sustantivo está modificado por varios adjetivos, la posición de ellos suele ser la siguiente:

Determinante, **opinión, tamaño, forma, edad, color, origen, material, tipo / propósito**, nombre

A **nice big round old red Italian glass fruit** bowl.

VOCABULARIO:
FORMAS Y MATERIALES
– Shapes and materials

Según su forma, las cosas pueden ser:

round	*redondo/a*
square	*cuadrado/a*
rectangular	*rectangular*
oval	*ovalado/a*

Y en cuanto a materiales:

metal	*metal*
metallic	*metálico*
iron	*hierro*
steel	*acero*
glass	*vidrio*
plastic	*plástico*
wood	*madera*
wooden	*de madera*

She has a **fantastic small modern** computer.
Ella tiene una computadora fantástica, pequeña y moderna.

I bought a nice, **round wooden** table.
Compré una bonita mesa redonda de madera.

She's got a **square plastic** purse.
Ella tiene un bolso cuadrado de plástico.

Are there any **big square wooden, dining-room** tables?
¿Hay mesas de comedor de madera, cuadradas y grandes?

INGLÉS express

Ejercicios

1.- ¿Cómo se pediría permiso para usar el teléfono de un amigo?

_____

2.- ¿Cómo se pediría permiso a un jefe para irse a casa?

_____

3.- ¿»After» o «before»?

a) I wash my hands _____ I eat.

b) November comes _____ December.

c) The number 7 comes _____ 6.

d) She made a list _____ she went shopping.

e) _____ I wash the dishes I dry them.

4.- Ordena los adjetivos.

f) Do you have a (German, old, big) cell phone?

_____

g) They live in a (modern, wonderful, small) apartment.

_____

h) She bought two (steel, American, oval) ahstrays.

_____

Soluciones:
1.- Can I use your phone, please? 2.- May / Could I go home, please? 3.- a) before; b) before; c) after; d) before; e) After 4.- f) Do you have a big, old, German cell phone?; g) They live in a wonderful, small, modern apartment; h) She bought two oval, American, steel ashtrays.